ESSAI BIOGRAPHIQUE

SUR

GUILLAUME ROSE

ÉVÊQUE DE SENLIS

(1583-1602)

PAR

M. L'Abbé LAFFINEUR

Membre du Comité archéologique de Senlis.

SENLIS

IMPRIMERIE DE CHARLES DURIEZ

M.DCCC.LXVIII.

ESSAI BIOGRAPHIQUE

SUR

GUILLAUME ROSE

ÉVÊQUE DE SENLIS

(1583-1602)

J'entreprends dans ce travail de rechercher et de rassembler tous les documents épars qui restent sur le fameux évêque de Senlis, Guillaume Rose, qui occupa ce siége de la fin de 1583 jusqu'au commencement de 1602. Une immortelle satire l'a mis en scène dans des pages connues de tous ceux qui lisent, et le tient attaché, depuis près de trois siècles, au pilori du ridicule.

Mais la satire n'est plus de l'histoire, et c'est une des gloires de notre temps de se complaire à réviser et à casser les jugements injustes prononcés par l'esprit de parti. Rose a vécu à une époque agitée; il a été mêlé à des luttes ardentes d'où on sort toujours blessé et meurtri. Les coups que lui ont portés des plumes ennemies ou prévenues, sont-ils tous mérités?

La Ménippée, Lestoile, De Thou, les pamphlets royalistes ou calvinistes du XVIe siècle, sont-ils le dernier mot sur notre évêque? Une caricature spirituelle, sans doute, mais une caricature, aura-t-elle tracé de lui un portrait définitif?

Je me suis permis de ne pas le croire, et je veux essayer de peindre Rose sous un jour que j'estime plus vrai.

Mon plan est simple. Je raconterai la vie de Guillaume sans la séparer de l'histoire de son époque, qui en est le cadre nécessaire. Je citerai à peu près tous les auteurs qui ont parlé de lui, et plus spécialement les contemporains; et j'espère réussir à établir que si Rose a été le champion ardent et quelques fois emporté d'une grande idée, il n'a pas été un mauvais français, un évêque indigne, un homme sans probité et sans conscience, ou, à tout le moins, un furieux et un fou.

Guillaume Rose, issu d'une famille noble, naquit en 1542, à Chaumont-en-Bassigny, petite ville du diocèse de Langres. On ne sait rien de son enfance ni de sa jeunesse. En 1557, nous le trouvons à Paris, au collége de Navarre, étudiant le philosophie sous Pierre Coterel, et la théologie sous Jean Pelletier. Ses études terminées, il se livra lui-même à l'enseignement dans cette maison, où il professa d'abord les classes de grammaire, la rhétorique et la théologie. Cet essai lui donna le goût de la parole; il résolut de devenir orateur, et lut dans ce but les Pères de l'Église. Ses auteurs préférés furent St Basile, St Grégoire de Nazianze et St Thomas. Il était docteur en 1576. Préparé par des études sérieuses, comme on en savait faire alors, et déjà formé à la parole par les disputes d'école et les soutenances universitaires [1], Rose se risqua bientôt dans les chaires de Paris; il y obtint les plus grands succès. Il suffit, pour s'en convaincre, de recueillir les témoignages de ses contemporains. Launoy (1602-1678), qui avait pu entendre l'écho encore vivant de cette parole [2], dans son histoire du Collége de Navarre, dit que Rose se fit *un nom immortel.* Du Boulay l'appelle *un illustre organe de la parole divine* [3]. Le docte jésuite Sirmond, après un sermon du jeune prédicateur, lui affirma

---

[1] Ch. Labitte, De la Démocratie chez les Prédicateurs de la Ligue, p. 140.
[2] Navar. Gym. Hist. (Launoii Oper. In-f°, t. VIII, p. 749.)
[3] Boulæus, Hist. univ. Paris, 1673, in-f°, t. VI, p. 938.

qu'il n'avait jamais entendu parler avec tant de grâce : *Nullum qui tantâ dicendi gratiâ et lepore valeret.* Au dire encore de Launoy, chacun de ses auditeurs devenait son ami ardent. Aussi la foule affluait-elle autour de sa chaire. Comme il parlait souvent, l'exercice perfectionna encore cette éloquence incisive, *acerba eloquenza,* comme dit de lui le chroniqueur italien Davila [1].

Cette éloquence, qui fit la réputation et la fortune de Rose, nous ne pouvons malheureusement l'apprécier par nous-même ; il ne nous reste aucune trace écrite de cette parole si puissante sur ceux qui l'entendirent, et qui souleva de si vives passions, tant d'enthousiasme, et aussi tant d'inimitiés. On voudrait pouvoir comparer le ton, l'accent et la manière des sermons de Rose avec les sermons qui nous restent de l'italien Panigarolle, prédicateur de Charles IX, du jésuite Edmond Auger, de Maurice Poncet, le hardi censeur d'Henri III, de Boucher, le curé de St-Benoist, de Guincestre, etc., et de toute cette pléiade chaude et brûlante d'orateurs sacrés qui, mêlant à leurs instructions la politique et les évènements de chaque jour, traduisant à leur barre tous les personnages du temps, sans excepter les plus hauts, produisaient une impression et des effets que les habitudes calmes, réservées et scrupuleuses de la chaire actuelle nous permettent difficilement de nous figurer.

La chaire, alors, c'était la liberté poussée jusqu'à la licence, c'était la presse sans contrôle, c'était le pamphlet, avec toutes les hardiesses et les personnalités qu'il se permet.

La carrière oratoire de Guillaume Rose dût s'étendre environ de 1576, année de son doctorat, à 1584, époque où il fut nommé à l'évêché de Senlis.

La réputation de Guillaume attira naturellement sur lui l'attention d'Henri III, qui le nomma son prédicateur ordinaire, *Regis christianissimi ecclesiastes,* titre auquel Rose adjoignit ceux de directeur de la reine Louise de Vaudémont (1583) et de grand'maître du collége de Navarre. C'est à ce dernier titre

---

[1] V. Davila, t. Ier. p. 382; id., t. II, p. 333.

que lui fut dédiée une traduction des œuvres d'Horace par le parisien Luc de la Porte, docteur ès-droit et avocat. En 1584, Rose fut appelé à l'évêché de Senlis, devenu vacant par la mort de Pierre IX Chevallier [1].

Mais la Ligue était née, et Rose, après quelques hésitations, allait enfin prendre place dans ses rangs.

Rien n'a été plus calomnié, plus dénaturé que ce grand mouvement qui marque la fin du XVIe siècle. D'une part, les protestants, contre lesquels la Ligue défendait en France l'unité religieuse; d'autre part, les royalistes, plus royalistes que catholiques, contre lesquels elle entendait maintenir les traditions séculaires de la monarchie française, ont jeté sur cette association fameuse une couleur aussi contraire à la justice qu'à la vérité.

Rappelons ici quelques souvenirs et quelques idées qui se rattachent nécessairement à ce travail, et qui serviront à dissiper les préjugés dont on a noirci la figure que j'ai essayé de rétablir dans son vrai jour.

La sainte Ligue, née à Péronne en 1576, et définitivement organisée par les Guise, après quelques tentatives partielles, fut inspirée par la pensée de défendre la France contre la double invasion du protestantisme et de l'étranger. Il est nécessaire de se souvenir en effet que la réforme, à son origine, fut une agression violente contre un état de choses qu'elle entendait changer à son profit, une révolution religieuse et politique, tendant à modifier en son essence la constitution de la France. La France était catholique et monarchique. Le protestantisme calviniste était anti-catholique et républicain. Il ne réclamait pas seulement le droit de vivre et de professer pacifiquement une croyance quelconque, il aspirait à dominer, à s'imposer, à régner, employant, pour arriver à ses fins, la violence, la force brutale, la guerre et le sang. Il était un parti, au lieu d'être comme aujourd'hui une secte religieuse paisible, un parti

---

[1] Gallia Christ., t. III, p. 1023; nov., t. X, col. 1444-1446. — Recherch. chronol. sur les Évêques de Senlis, par MM. Dhomme et Vattier, Senlis, 1866, p 79.

dont les visées livrèrent la France à ces luttes religieuses qui l'ont désolée durant près d'un siècle ; un parti qui, le premier, donna le déplorable exemple de s'appuyer sur l'étranger, en demandant des recrues à l'Angleterre, à l'Allemagne et aux Pays-Bas ; un parti enfin qui, en se constituant lui-même en association, donna naturellement aux catholiques la pensée de lui opposer une association contraire.

Cette idée dut se réaliser au moment où les Valois, après avoir sacrifié les intérêts de la foi et de l'Europe à une querelle avec l'Autriche, et s'être alliés au protestantisme, qu'elle eût étouffé, semblèrent prêts à les sacrifier encore au-dedans par leur politique astucieuse et leurs tergiversations désespérantes [1].

Certes, je ne prétends pas justifier ici tous les excès de la Ligue, l'ambition des Guise, s'ils en eurent, les déclamations furibondes des prédicateurs, les excès des Seize, encore moins les doctrines régicides qui tuèrent à St-Cloud Henri III, ou qui plus tard s'attaquèrent à Henri IV. Mais les excès sont la lie impure et inévitable que les passions humaines mêlent aux idées les plus hautes et aux tentatives les plus saintes. On peut soutenir que, pris dans son ensemble, envisagé dans sa pensée mère et son résultat, ce mouvement si important de notre histoire est parfaitement avouable, qu'au fond il a été salutaire, et que les hommes qui y ont été mêlés, ne méritent pas pour cela seul la flétrissure qu'on a voulu leur imprimer.

Reportons-nous à l'an 1576 [2], et regardons, avec les idées du temps ; le triste Henri III, au lieu de contenir les factions et de ramener l'ordre dans l'État, s'amusait avec ses chiens, ses perroquets et ses hideux mignons. Intimidé par les protestants, redoutant l'influence du duc de Guise, et désireux de se livrer librement à ses plaisirs infâmes, il avait laissé sa mère, l'astucieuse Catherine, négocier la paix de Beaujeu, près Loches (1575) : cette paix livrait la Picardie à Condé, permettait le libre

---

[1] V. Sixte V et Henri IV, par M. Segrétain, 1 vol in-8°.

[2] V. Mury, Précis de l'Hist. pol. et relig. de la France ; t. II, p. 287 et suiv.

exercice de la religion réformée, admettait les protestants à toutes les charges, réhabilitait Coligny, l'ennemi acharné du catholicisme, et donnait aux huguenots dix places fortes.

L'organisation de la Ligue répond à ces concessions de la cour, et ses membres figurent en majorité aux États de Blois de 1576. Henri III essaie de se tirer d'embarras en s'en déclarant le chef. La guerre civile se rallume. Pour l'apaiser, le roi, mal inspiré, met le culte protestant sur le même pied que le catholique (1577). On comprend l'irritation produite par cette maladroite mesure. Sur ces entrefaites meurt le duc d'Alençon, frère du roi (1584). Cette mort laissait le trône à Henri de Bourbon, roi de Navarre. Mais Henri est huguenot et chef du parti protestant. Les catholiques, et c'était alors la France, ne l'oublions pas, n'auraient jamais consenti à se courber sous le sceptre d'un prince huguenot [1]. Le parti national se prononça avec force contre l'avènement du Béarnais. Il tournait plutôt ses vues vers la maison de Lorraine, issue, disait-on, de Charlemagne, maison féconde en héros dévoués à l'Église. Il voyait dans Henri de Guise le plus ferme soutien de la religion et des intérêts vraiment français. Et ce parti, c'était le peuple, la bourgeoisie, les ordres religieux, le clergé en masse. Une partie de la noblesse et du haut clergé, habituée à suivre le vent de la cour, hésitait seule.

Bayle a jeté à Rose l'épithète « *d'enragé ligueur.* » En se décidant à suivre et en favorisant ce mouvement qui ébranlait la France, l'évêque de Senlis ne faisait après tout que marcher avec le gros de la nation, et les éléments les plus influents de la vie publique, car Henri III était *universellement abandonné* ; il n'avait plus que six villes pour lui [2]. Rose ne paraît pas s'être décidé sans hésitation. Henri III était son bienfaiteur, et avant de prendre son parti, Rose semble avoir essayé sur ce triste prince les remontrances et les concessions.

« Le jour de carnaval prenant (1583), dit Lestoile, le roy,
« avec ses mignons, furent en masques par les rues de Paris,

---

[1] M. de Carné, t. II, 60-62.
[2] Labitte; Ouv. cité, p. 104.

« où ils firent mille insolences, et la nuit allèrent rôder de
« maison en maison, faisant lascivetés et vilenies, avec ses mi-
« gnons frisés, bardachés et fraisés, jusqu'à six heures du
« matin le premier jour du caresme, auquel jour la plupart des
« prêcheurs de Paris le blâmèrent ouvertement ², ce que le
« roy trouva fort mauvais, même dans la bouche du docteur
« Rose, l'un de ses prédicateurs ordinaires, lequel il manda
« et le tança fortement, disant qu'il l'avait laissé courir dix ans
« par les rues le jour et la nuit, et que pour une dernière fois,
« un jour de carnaval, il osait le décrier en chaire. » Au dire
de Lestoile, Rose demanda pardon, et le roi apaisé lui envoya
quelques jours après quatre cents écus avec ces mots : « *C'est*
« *de quoi acheter du sucre et du miel pour adoucir vos trop*
« *aigres paroles et vous aider à passer le caresme* ¹. » C'était se
venger avec esprit.

L'année suivante, Rose se rendait à Orléans pour y prêcher *par ordre de Sa Majesté*, à l'occasion des confréries que Henri III établissait partout, et la ville se mettait en frais pour le recevoir, à preuve cet extrait des comptes de la ville : « A Estienne Rouys,
« *archer*, trois écus d'or, tant pour le loyer d'un coche monté
« de quatre chevaulx que pour les peines et salaires du cocher
« qui aurait mené messeigneurs de ceste ville jusqu'à Cléry
« pour amener monseigneur Rose, prédicateur du roy, en
« ceste ville, par le commandement de Sa Majesté ². »

La réputation de vertu égalait chez Rose la renommée de l'éloquence. Henri III le nomma en 1583 à l'évêché de Senlis, vaquant par la mort de Pierre Chevallier.

On a conservé la lettre par laquelle le roi annonçait au nouvel évêque sa nomination ; la voici :

« Monsieur de Saulis,

« Ainsi vous nommé-je, puisque Dieu m'a fait la grâce de
« vous y promouvoir. Faites estat de venir, et pour rendre le
« devoir à vostre évêché et pour me pouvoir rendre le témoi-

---

¹ Félibien ; Hist. de Paris, t. II, p. 1147. — Cf. *Journal de Henri III*, p. 387.

² Lottin. Recherches sur Orléans, 1836 ; in-8°, t. II, p 78.

« gnage que vous estes content. Car je sçai que ce vous sera
« à charge; mais vous estes pour le public et non pour vous
« seulement et près de Paris et de vostre roy, qui pour cela ne
« veulx que vous laissiez de tenir la place de prédicateur; car
« sans cette close, je ne vous eusse mis à Sanlis, je m'en trouve
« trop bien. Aimez-moy toujours, et je prie notre bon Dieu
« qu'il vous conserve en bonne santé.

« De Paris, ce 16e jour de novembre, que je viens de signer
« vostre dépesche pour Rome et demander les bulles gratis.

Signé : « HENRI. »

Et à la suscription :
« A Monsieur Rose [1]. »

---

[1] Journal de Henri III, édition 1744, p. 388, en note.

Voici une lettre de Rose à Henri III, la seule qu'il nous ait été possible de retrouver :

« Sire,
« Les pauvres escholiers de vostre maison et college de Navarre
« se voient en danger, leur bon et ancien père monsr le grand maistre
« Pelletier malade d'une pleurisie : et à ceste occasion supplient
« humblement Vostre Majesté a avoir souvenance de ce qu'il luy a
« pleu commander à monsieur l'Evesque d'Angiers pour nommer un
« successeur à ceste charge, homme digne et capable : a ce que les
« importans par surprise n'entrent au troupeau soubz vostre autho-
« rité et y facent le dégast qu'ils prœtendent au grand prejudice de
« vostre service et saincte intention et de tous vos prœdecesseurs.
« Sur ce j'ay esté requis vous advertir instamment : et en tire occasion
« y adjouster un petit mot pour mon particulier, contraint que je
« suis par une extreme faiblesse qui me demeure après une griefve
« maladie de deux mois ou plus changer d'air et reprendre mon na-
« turel Champenois soubz vostre permission et bon plaisir touttefois :
« a charge que si tost que mon chetif corps pourra porter le travail,
« je me renderay a vostre service pour le continuer tant qu'il plaira
« a vostre majesté de pareille devotion que je supplie le Createur
« vous donner.

« Sire, entier accomplissement et effect de vos meilleurs et plus
« saincts desirs. A Paris, ce xxviiie septembre 1583.

« Vostre tres humble et bien obeissant serviteur et subjet.

« Ge ROSE. »

(Mss. de la Biblioth. impér.)

Rose fut sacré à Paris, dans la chapelle du collége de Navarre, le 6 mai 1584, par Guillaume Ruzé, évêque d'Angers et légat du Saint-Siége, assisté d'Aymard Hennequin, évêque de Rennes [1].

Le 13, qui était un dimanche, il faisait son entrée solennelle avec les cérémonies d'usage [2]. Parti du château de Mont-l'Évêque, il était attendu à la fourche du chemin de la Victoire, au lieu dit la *Tablette*, par les officiers et les vassaux de l'évêché, les quatre barons de Brasseuse, Pontarmé, Raray et Survilliers, qui l'aidèrent à monter à cheval et marchèrent à ses côtés. Ils auraient dû, au besoin, le porter sur leurs épaules s'il l'eût exigé; mais Rose ne crut pas devoir imiter un de ses prédécesseurs, Jean Calvau, qui, le 31 janvier 1516, fut ainsi porté par les députés des seigneurs et vassaux depuis le gril de St Rieul (?), près la chapelle de St-Sanctin [3]. Arrivé à la porte St-Rieul, le pontife, entrant dans une maison désignée à cet effet, quitta sa chaussure, prit l'aube, l'étole, la mître blanche, puis, pieds nus, vint frapper à la porte de la ville, qui était fermée. *Ouvrez*, dit-il, *c'est votre évêque*. Le corps de ville ouvrit, et Rose prêta le serment suivant : « *Nous, évêque de Senlis,*
« *jurons et promettons en parole de prélat que, au peuple de*
« *Senlis et de tout le diocèse d'iceluy, serons bon et loyal pasteur,*
« *et comme tel les garderons et les entretiendrons en leurs*
« *droits, franchises et libertés, en la forme et manière qu'ils ont*
« *été tenus et observés par nos prédécesseurs évêques dudit*
« *Senlis.* » Après quoi le pontife fut harangué par le présidial et par le doyen du chapitre de la cathédrale, entouré des chanoines

---

[1] Du Ruel, 495.

[2] *Du Ruel;* Hist. manuscrite de l'Égl. et du Dioc. de Senlis, in-f°; biblioth. de Senlis, p. 495. — Arch. de l'Oise; Programme authentique de l'entrée de G. Rose.

[3] Chapelle jadis située au haut de la rue St-Pierre, à côté du rempart, et démolie par ordre du bailliage, le 15 octobre 1630. Le service en fut ensuite acquitté à l'autel St-Pierre et St-Paul, en l'église St-Rieul. (Voir ms. Traité des Bénéfices du Dioc. de Senlis; arch. de la Fabrique.)

en chapes doublées de velours cramoisy, ainsi que des chapitres de St-Rieul et de St-Frambourg. La procession se dirigea ensuite vers l'église de St-Rieul, où le prélat, ayant fait sa prière, offrit, pour son droit d'entrée et de prise de possession, un drap ou parement de soie et d'or. Il acheva de prendre à la sacristie ses ornements pontificaux, sortit avec son cortège par la porte voisine du clocher, et s'avança hors du cimetière par la porte de fer. L'ayant franchie, il trouva une chaire ornée sur laquelle il s'assit, tenant l'Évangile de la main gauche, afin de bénir de la main droite, et, à travers les rues de la cité, il fut porté à Notre-Dame. Le grand portail de la cathédrale était fermé. Le doyen agite une petite sonnette, la porte s'ouvre. L'évêque prononce le serment usité et le signe de sa main. J'ai retrouvé aux archives de l'Oise ce serment de Rose, revêtu de sa signature. Il porte :

« *Ego Gullielmus Rose sylv. episc. promitto me observaturum
« bona fide libertates et consuetudines ecclesiæ Beatæ Mariæ sylvan. antiquas et approbatas, et specialiter constitutiones Henrici et Gaufridi antecessorum meorum bonæ memoriæ de libertatibus et consuetudinibus ecclesiæ Beatæ Mariæ sylv. sic me
« Deus adjuvet et hæc sacra verba.*
« *Actum sylvanecti anno Domini* 1584 *die dominicâ* 13 *maii.*
« *G. Rose. ep. sylv.* »
« *Moi, Guillaume Rose, évêque de Senlis, je promets d'observer de bonne foi les libertés et coutumes anciennes et approuvées de l'église de Notre-Dame de Senlis; particulièrement les constitutions de Henri et Godefroi, mes prédécesseurs de bonne mémoire, relatives aux libertés et coutumes de Notre-Dame; que Dieu me soit en aide et ces paroles sacrées.*
« *Fait à Senlis, l'an du Seigneur* 1584, *le dimanche* 13e *jour
« de mai. G. Rose, évêque de Senlis.* »

Ce serment prêté, Rose descendit de la chaire, pénétra dans la cathédrale, y fit sa prière, donna sa première bénédiction au peuple, et déposa sur l'autel une chape d'or ; puis on l'installa sur la chaire épiscopale, après quoi il célébra solennellement la messe, et son cortège le conduisit au palais épiscopal, *ad aulam episcopalem*; là, dit le cérémonial que je cite, *fiet prandium* [1].

Ici il faut entendre le naïf Jaulnay parler du nouveau pasteur.

« Le roi le choisit, dit-il, pour gouverner l'évesché et le peuple
« de Senlis, que les Rois de France ont toujours affectionné
« et y ont fait plusieurs fois leur demeure, pour le très bon
« tempérament de l'air et le bon naturel des habitants. Cette
« grande Rose parut en fleurs au moys de may qu'il fit son
« entrée et prise de possession de l'évesché [2]. » Jaulnay se souvenait probablement des vers latins où on disait de l'évêque de Senlis :

« Quelle est cette rose? C'est la rose des rois, la rose des
« princes, la rose du peuple, la rose des théologiens, rose que
« l'envie des hérétiques ne saurait faner, rose dont les tempêtes
« qui agitent l'Église ne pouvaient disperser les feuilles [3]. »

Durant les deux premières années de son épiscopat, Rose paraît uniquement occupé des fonctions et des devoirs de son ministère.

Un de ses premiers actes est d'assister à Paris à une assemblée d'évêques provoquée par Evrard (ou Ebrard [4]), de Cahors, et où furent reçus les statuts du concile de Trente relatifs à la juridiction ecclésiastique (1584).

Cette même année, il porte une ordonnance pour inviter les curés à se conformer au rituel dressé par le cardinal de Guise, archevêque de Reims, de concert avec les évêques du concile tenu en cette ville l'année précédente. Il baptise la fille de M. de Thoré, gouverneur de Senlis pour le roi, ce qui indique entr'eux de bons rapports. Il visite canoniquement l'abbaye de St-Vincent, et Afforty nous a conservé tout au long la carte de cette visite. Nous en extrayons le détail suivant : « Dans la cha-

---

[1] Arch. de l'Oise; brouillon en double exempl. de 1584. — *Graves*; Précis statist. sur le canton de Senlis, p. 129. — **Duruel**, loc. cit. — *Afforty*, t. II, p. 876.

[2] *Jaulnay*, p. 601.

[3] V. Labitte, p. 142.

[4] Antoine IV Ebrard, évêque de 1576 à 1599 (Gall. Christ.).

« pelle de St-Louys, l'évêque remarqua une balance suspendue.
« S'étant enquis auprès de l'abbé Pierre de Géresme de l'usage
« de cet objet, il lui fut répondu que cette balance servait à
« peser les enfants nouveau-nés qu'on y apportait du dehors,
« sur la tête desquels on récitait l'oraison *de angelis*. L'évêque,
« trouvant l'usage superstitieux et inconvenant, ordonna de
« reléguer la balance dans la sacristie, avec défense de s'en
« servir, sous peine de désobéissance et d'interdit [1]. » Il décide
que, dans les baptêmes, on n'admettra qu'un seul parrain et
qu'une seule marraine [2]. Il consacre, le 30 avril 1585, l'autel
de St-Rieul.

En 1586, le 18 mai, il consacre l'église de Barberie [3], en
l'honneur de St-Remi, et y dépose des reliques de St-Vincent.

C'est vers 1585 que Guillaume semble être entré résolûment
dans la Ligue, et avoir essayé autour de lui un prosélytisme
public et avoué au profit de cette cause. Peut-être assista-t-il
à l'assemblée des ligueurs tenue (septembre 1586) dans l'abbaye d'Ourscamp, et où l'Union décida de poursuivre par la
guerre la revendication des droits méconnus du catholicisme.
Le roi de la Ligue, le cardinal de Bourbon, était abbé commendataire de cette maison.

Quelle était l'attitude de la papauté devant cette situation
délicate ?

Grégoire XIII s'était montré très réservé avec les envoyés
de la Ligue; il les avait bénis, mais il ne leur avait donné contre
Henri III *ni bulle, ni bref* (c'est une de ses expressions au cardinal d'Este). Il avait au contraire aidé Henri contre les huguenots par l'envoi d'un corps de troupes [4]. Il garda cette
attitude durant les neuf années de son pontificat (1576-1585).

A sa mort, les choses étaient changées. La mort du duc
d'Alençon, en favorisant les prétentions de Henri de Béarn au

---

[1] Ms. d'Afforty, t. IX, p. 4890 ; carta visit. Sti-Vincentii.

[2] Archiv. de la ville ; note de M. Luce, curé de Ste-Geneviève, sur son registre.

[3] On en avait reconstruit le chœur et les transepts.

[4] Henri IV et Sixte V, par M. Segrétain (passim.)

trône, menaçait la France d'un roi hérétique. La papauté prit donc une autre attitude. Sixte V lança contre Henri de Béarn, apostat et relaps, la bulle d'excommunication : *Ab immensâ æterni regis potentiâ, etc.* Cette bulle n'étonnera pas ceux qui savent que c'était alors un point du droit national que, pour régner sur un peuple catholique, il fallait être soi-même catholique, et que l'hérésie était une incapacité civile. Du reste, Sixte V n'était pas l'ennemi d'Henri IV; il approuvait le principe de la Ligue, mais il la modérait dans ses élans. Favorable au roi de Navarre, dont il appréciait les qualités, il visait à le réconcilier à l'Église, et à lui préparer ainsi une accession régulière au trône. Il est faux qu'il ait favorisé les vues de l'Espagne sur la France. Ce grand esprit voyait trop bien que la France, devenue hérétique ou espagnole, le Saint-Siége se trouvait sous le joug de la maison d'Autriche, maîtresse déjà d'un territoire immense, et, à ce point de vue, les sympathies d'une fraction de la Ligue pour l'Espagne l'inquiétaient vivement. Cela est si vrai, que certains ligueurs et certains Espagnols se permettaient de violentes diatribes contre le pape [1]. Telles sont les pensées qui dirigèrent la politique de ce grand homme durant les cinq années de son rapide mais fécond pontificat (1585-90 [2]).

Cependant, l'évêque de Senlis, déjà lié avec le frère Bernard de Mongaillard, dit le petit Feuillant [3], « *un vrai cornet de sé-« dition,* » dit Bayle, s'était mis en rapport avec les chefs de la Ligue; on croit même qu'il finit par arriver au conseil de l'Union.

Il est difficile de préciser l'époque à laquelle Rose entra ostensiblement dans le mouvement ligueur. En recherchant ses actes jusqu'en 1588, on les trouve modérés ainsi que son langage. Ses occupations sont pacifiques, et sa vie consacrée aux fonctions épiscopales.

---

[1] *Labitte*; de la Démoc., p. 160.
[2] V. *Sixte V et Henri IV*, passim, et *Revue du Monde catholique.* SIXTE V ET LA LIGUE : documents inédits, *février et avril* 1867.
[3] Labitte, *loc. cit.*, p. 150.

— 16 —

A la prière du chapitre de St-Rieul, il ouvre la châsse de ce saint évêque pour vérifier l'état de ses reliques (1588)[1].

Il bénit le guidon des arbalétriers (1588)[2].

Il célèbre un jubilé solennel ordonné par le cardinal de Florence, légat du Saint-Siége en France ; il reçut même à Senlis, et en grande pompe, ce cardinal, qui plus tard porta la tiare sous le nom de Clément VII[3].

Aux troubles qui agitent le pays et le menacent de maux plus grands, Rose oppose les appels réitérés à la pénitence, des processions publiques, surtout des processions de petits enfants, qu'il conduit lui-même à l'abbaye de la Victoire (19 juillet 1588). Je ne sais pourquoi M. Ch. Labitte[4] prête à ces pieuses et touchantes cérémonies un but odieux d'agitation, quand il est si simple d'en donner une raison naturelle. Rose n'avait pas inventé ces processions. Il s'en faisait partout, et pour ne citer qu'un fait, une de ces processions avait naguère amené de Meaux à la Victoire plus de deux mille personnes. Paris en vit une autre de cent mille enfants[5].

Les évènements déterminèrent Rose à une attitude plus résolue.

Le célèbre d'Aubigné disait de Catherine de Médicis : « *Elle jette parfois de l'huile sur le feu, parfois de l'eau, selon que l'élévation de l'un des partis menace la Maison de France, et en cette Maison son autorité.* » Digne fils de sa mère, et fidèle à cette politique ondoyante, Henri III venait de se déclarer encore une fois chef de l'Union après l'avoir combattue, et de convoquer les États généraux à Blois. Guillaume Rose y fut

---

[1] Afforty, t. 1er, p. 1587. — Du Ruel, p 489. Dans son *Carta de apertione capsæ*, Rose prend le titre de *Christianissimi D. N. Regis Henrici francorum et polonorum predicator ordinarius.*

[2] *Du Ruel, Hist. manusc. du Dioc.*, p. 489.

[3] Extrait en bref de ce qui s'est passé en la ville de Senlis, etc., par Jean Mallet. (Bernier, in-8°, c. 855.)

[4] *Labitte ; De la Démocratie*, etc., p. 141.

[5] *Henri Martin ; Histoire de France*, t. XI, p. 161. — *Journal de ce qui est advenu*, etc., à la suite de Lestoile, éd. 1774, t. II, p. 471.

député, pour le clergé, avec M. de Brouilly, abbé de la Victoire, et le théologal Antoine Muldrac [1]. Les États s'ouvrirent le 16 octobre 1588. On sait le drame qui ensanglanta le château de Blois, et rendit illusoire cette réunion. Inspiré par un sentiment aussi triste qu'insensé, Henri III fit assassiner, l'avant-veille de Noël, le duc de Guise et son frère le cardinal. « *Et les dits États*, dit Vaultier, *furent rompus, et délaissés à parfaire et la pauvre France en plus grand trouble et désordre qu'elle ne fut jamais... Les députés se sauvèrent et s'en retournèrent chez soi... et commencèrent toutes villes et forteresses à se révolter contre Sa dite Majesté* [2]. »

Le meurtre des princes lorrains, en même temps qu'il était un crime, était un acte anti-politique qui devait activer et fortifier la Ligue. La Sorbonne délia les Français du serment de fidélité à un roi qualifié hautement de tyran et de parjure. Mayenne fut déclaré lieutenant-général du royaume, et six mois après le guet-apens de Blois, le poignard d'un fanatique frappant Henri III à St-Cloud lui rappelait cette loi terrible, que celui qui se sert de l'épée périra par l'épée.

Rose et Muldrac durent rapporter à Senlis, avec l'indignation universelle, un redoublement d'ardeur pour la Ligue et les intérêts qu'elle représentait.

D'Humerolles, gouverneur de la ville pour Henri III, s'efforçait de la retenir sous l'autorité royale. La Ligue et les princes lorrains y avaient cependant un parti qui l'emporta un moment. Aux jours gras, le 13 février 1589, un mouvement éclata dans Senlis. Stocq, Pierre Séguin, correspondant du duc de Guise, personnage qui mérite à lui seul une biographie, et *un grand nombre d'habitants* [3], dit Mallet, peu suspect de partialité, s'emparèrent du gouverneur, se saisirent de l'autorité et introduisirent dans la place M. de Saint-Simon, seigneur de Rasse (il habitait le Plessis-Chamant), envoyé du duc d'Aumale.

---

[1] Mallet, p. 68. — Vaultier, p. 148.
[2] Vaultier, p. 149.
[3] Mallet, p. 78.

De Rasse prit, en qualité de capitaine, le gouvernement de Senlis, dont il traita du reste les habitants avec douceur. Le 17, eut lieu à l'Hôtel-de-Ville une réunion, *où se trouvèrent le plus grand nombre d'habitants de toute qualité* (je cite encore Mallet [1]), et où fut signée l'adhésion à la Sainte-Union. Rose figurait en tête de la liste des adhérents, et il ajoutait à sa signature ces mots : *Primum ad martyrium felicitat* [2], ou, selon Mallet, ces autres aussi expressifs : *Utinam qui præit sacramento, antecedat et martyrio !*

Le 2 mars, on célébrait à la cathédrale un service solennel pour les Guises, dont Muldrac fit l'oraison funèbre. « Il « y parla fort légèrement contre l'honneur du roi... prit pour « champ l'évangile du jour, qui parle du mauvais riche et du « pauvre Lazare. Il attribua le nom du mauvais riche au roi et « du pauvre Lazare au duc de Guise. Il s'oublia tant, ajoute « encore Mallet, qu'il fit imprimer telle oraison [3]. »

Les armes de la maison de Lorraine avaient dans cette cérémonie remplacé celles du roi, qu'on avait ôtées [4]. La Ligue était donc maîtresse de Senlis ; elle y régnait dans la personne de de Rasse, de Séguin et de Rose, devenu un des membres du conseil de l'Union.

Du 23 mars à la fin d'avril, Rose fit de nombreuses processions, afin d'entretenir dans les âmes l'attachement à la cause dont il voulait le triomphe. Il s'y trouva jusqu'à mille et même deux mille personnes habillées de blanc [5]. Mallet a beau dire qu'on y allait par curiosité ; ce mouvement prouverait que la ville était peut-être plus ligueuse qu'on ne l'a cru. En tout cas, il atteste que l'évêque exerçait, comme dit un contemporain qui lui est peu favorable, du reste, *une grande superintendance sur le peuple* [6]. On l'accuse d'avoir, le 16 avril, prêché lui-même

---

[1] Ibid, p. 84.
[2] Du Ruel.
[3] Mallet, p. 86.
[4] Récit véritable de la Surprise de Senlis, p. 441.
[5] Mallet, p. 88.
[6] Récit, etc. (Bern., p. 446.)

contre le roi, le traitant de lion, de tyran, de tigre, et recommandant la fidélité à la Ligue [1].

Cependant, le parti royaliste s'agitait pour reprendre Senlis. Le roi lui-même avait écrit à de Rasse et même à Rose pour essayer de les gagner ; car *la ville de Senlis était de telle conséquence à Sa Majesté, que, la perdant, il perdait l'Ile-de-France et toute la Picardie* [2]. Enfin, M. de Thoré, fils d'Anne de Montmorency, qui était à Chantilly, finit par s'introduire dans Senlis et y rétablir l'autorité d'Henri III (26 avril 1589). De Rasse fut mis en prison. M. de Thoré fit chanter un *Te Deum* à Notre-Dame, pendant qu'une bonne partie des chanoines, notamment Muldrac, étaient obligés de se cacher dans le clocher. Il brûla ensuite la liste des signatures données en adhésion à la Ligue [3].

Rose apprit à Paris la capitulation de la ville de Senlis, et dut y rester [4].

Ainsi, à quelques lieues de distance, et par un contraste curieux, Senlis, ville royaliste, obligeait un prélat ligueur à sortir de ses murs, et Beauvais, cité ligueuse, chassait son évêque Nicolas Fumée, accusé de tiédeur envers l'Union [5].

Mais la lutte n'était pas terminée. La Ligue, qui comprenait autant que le roi, l'importance de Senlis, résolut de tout faire pour reprendre cette ville. Quelques jours à peine après l'entrée de M. de Thoré (le 1er mai), sur l'ordre du conseil des quarante, les sieurs de Menneville et de Congy s'en vinrent sommer la ville de se rendre. Le duc d'Aumale en personne les suivit avec 6,000 hommes, et le siége fut poussé avec une extrême vigueur. Les royalistes semblaient condamnés à un échec, quand d'Aumale quitta Villevert pour aller au-devant du duc de Longueville et de la Noue, qui accouraient de Compiègne au

---

[1] Mallet, p. 89.
[2] Récit, etc., p. 443.
[3] Récit... p. 466, 467.
[4] Ibid., p. 469.
[5] V. *La Ligue à Beauvais*, par M. Dupont-White.

— 20 —

secours de la ville aux abois. On sait qu'il les rencontra entre Senlis et Verberie, près de l'abbaye de la Victoire, dit Mallet [1], le 10 mai (1589 [2]). D'Aumale succomba devant les habiles dispositions de La Noue; il fut battu, le siège levé, et Senlis fut définitivement perdu pour la Ligue. Cette journée est connue sous le nom de Bataille de Senlis. D'Aumale ne dut son salut qu'à la vitesse de son cheval. On sait les vers satiriques que cet évènement a inspirés à Passerat, dans la Ménippée [3].

Quelle fut la part de Rose dans ces évènements?

On l'accuse d'avoir non-seulement fait décider par le conseil de l'Union le siége de Senlis, mais d'y avoir assisté en personne, et d'avoir béni, avant l'assaut, les canons qui allaient foudroyer sa ville épiscopale. Citons ici *l'auteur contemporain du récit véritable de la surprise de Senlis:*

« Sera remarqué un cas étrange qui avint lorsque l'artillerie
« était prête à jouer : c'est que Rose, évêque, se trouva aux
« tranchées et prosterné en terre, murmurant quelques prières
« non accoutumées entre chrétiens pour tels effets, aspergea
« avec eau bénite chaque pièce de canon, afin de leur ins-
« pirer quelques secrètes vertus pour foudroyer la ville et ses
« paroissiens, faisant plutôt office de cruel boucher que d'un

---

[1] Mallet, p. 101.
[2] Le 14, selon une pièce d'Afforty, t. 1er, p. 4238.

[3] A chacun nature donne
Des pieds pour le secourir ;
Les pieds sauvent la personne,
Il n'est que de bien courir.

. . . .
. . . .

Bien courir n'est pas un vice :
On court pour gagner le prix ;
C'est un honnête exercice :
Bon coureur n'est jamais pris [1].

[1] *Satire Ménippée*, édit. Labitte, p 25.

« pasteur charitable, et d'aiguiser un couteau pour égorger les
« brebis que Dieu et le roi lui avaient donné en garde [1]. »

Ces quelques lignes ont déjà un parfum de satire et un accent de royalisme qui n'échapperont à aucun lecteur.

Eh bien! je le déclare sans détour, si hardie que puisse paraître tout d'abord cette assertion, ce récit me semble inadmissible pour une bonne critique, et voici quelles raisons me le rendent plus que suspect :

1° Le fait dont on charge ici l'évêque de Senlis, repose sur un témoignage unique, celui de *l'auteur contemporain*. Or, cet auteur est anonyme; il est royaliste passionné; c'est un adversaire acharné de la Ligue; c'est un ennemi de Rose. Tous les écrivains qui, comme Du Ruel [2], par exemple, ont répété cette accusation, l'ont prise ici et la formulent dans les mêmes termes. Ni Mallet, ni Vaultier, qui écrivaient, le premier en 1621, le second en 1598 [3], tous deux si voisins des évènements, Vaultier surtout, qui avait un commandement durant ce siége, Vaultier qui repoussa l'escalade tentée contre Senlis huit mois plus tard, n'ont la moindre allusion à une circonstance qui n'aurait pu, par sa publicité même, échapper à leur connaissance, et qu'on retrouverait infailliblement sous leur plume malicieuse et prévenue. Ne serait-ce pas le cas d'alléguer l'axiôme : *Testis unus, testis nullus* ?

2° La conduite prêtée à Rose suppose un fanatisme, une rage, une férocité que dément son caractère. S'il était ligueur chaud et sincère, n'oublions pas qu'il était un évêque irréprochable, et qu'il montra toujours pour son troupeau une bonté et un dévouement dont la trace était restée dans tous les souvenirs. Jaulnay vante la douceur de ses manières, et la facilité avec laquelle il se laissait approcher de tous. « *Il était*, dit-il,

---

[1] *Récit véritable de la surprise, etc.*, Bernier; *Monum. inédits, etc.*, p. 475.

[2] Voir la note de Bernier; *Préface*, p. 27.

[3] Ibid., p. xix de la préface.

« *fort familier et communicatif. La porte de son évesché était
« ouverte à toute heure pour entendre ceux qui avaient à lui
« parler... Il visitait les malades tant pauvres que riches... Il
« fut*, ajoute-t-il, *grandement regretté de tous à son décès* [1]. »
Robert, dans la *Gaule chrétienne*, dit de lui : *lene jugum, doctrina placens, correctio dulcis*. Sur la tombe du vieux ligueur, on consigne encore les regrets universels dont il est l'objet [2].

Une autre inscription, préparée par son neveu, il est vrai, proclame aussi sa probité, sa libéralité, ses mœurs irréprochables comme sa foi [3]. J'admets ici l'hyperbole, et je l'admets dans une large mesure : il résulte pourtant de ce témoignage que Rose avait laissé de lui, et à Senlis, un bon souvenir qui ne s'explique guère dans l'hypothèse de la réalité du fait que nous discutons. Si ce fait est vrai, ces inscriptions sont impossibles. On ne défie pas à ce point l'opinion publique, et malgré la douceur proverbiale de leurs habitudes, les Senlisiens eussent brisé ces marbres chargés d'un menteur et impudent éloge.

3° Après l'apaisement des troubles et la réconciliation d'Henri IV avec l'Église, Rose revint dans son évêché (1596), dont les royalistes l'avaient tenu éloigné. Il n'y fut pas mal accueilli. Il y demeura paisiblement jusqu'à sa mort. Or, ce retour et ce séjour de Rose dans une ville qu'il aurait fait assiéger et mitrailler, eussent-ils été possibles? Un fait si odieux n'eût-il pas fermé à jamais les portes de Senlis à ce pasteur cruel? Et Rose, que l'auteur contemporain appelle *un évêque fin et subtil* [4], n'eût-il pas eu un trop juste sentiment de sa situation, pour tenir à reprendre son siége?

4° Guillaume Rose, rentré à Senlis, y vécut six ans. Il a eu pour successeur son neveu, Antoine Rose, à qui il résigna son siége, de l'agrément même du roi. Cette succession n'est-elle pas difficile à comprendre, si le nom de Rose était devenu ici

---

[1] *Jaulnay*; Hist. des Évesques de Senlis, p. 619.
[2] Inscription dans Du Ruel, p. 529.
[3] Ibid.
[4] P. 446.

un nom justement odieux ? Et il devait l'être fatalement dans l'hypothèse que nous combattons. S'il ne l'était pas, et si le fait relaté par l'auteur du *Récit véritable*, est vrai, il faudrait dire alors que Rose et les ligueurs, en assiégeant Senlis, combattaient un parti, que la masse de la population était pour eux, et que dans l'évêque accouru pour les secourir, la ville voyait un libérateur, un sauveur, et non un bourreau.

5° M. Rouyer, chanoine, chantre de la cathédrale, au siècle dernier, dans un long mémoire sur les évêques de Senlis, recueilli par Afforty [1], ne parle pas non plus de cette bénédiction donnée par Rose à l'artillerie du siége ; mais il dit positivement que cet évêque a été violemment attaqué par les protestants.

6° Je terminerai cette discussion par une dernière observation, qui, pour être un argument négatif, a sa valeur. La satire Ménippée met en scène aux États généraux *Monsieur le recteur Rose, jadis évesque de Senlis*; elle jette sur lui le ridicule à pleines mains : elle lui fait tenir un long discours qui n'est qu'une parodie et un travestissement souvent cruel de la parole et de la conduite de Guillaume [2]. Parmi tant d'allusions satiriques dont cette pièce est fournie, on n'en trouve pas une seule à ce détail du siége de Senlis. Certes, la plume acérée et mordante de Rapin n'aurait pas négligé un trait qu'il devait connaître, et s'il eût été avéré, il en eût infailliblement relevé la harangue grotesque qu'il a prêtée à notre évêque.

Toutes ces raisons réunies n'autorisent-t-elles pas une critique calme et désintéressée, à tenir au moins pour suspect le témoignage unique d'un manuscrit anonyme, dont l'original est perdu, et dont on ne voit apparaître une copie qu'en 1760 [3] ? S'il est authentique, ce récit est, après tout, l'œuvre d'un *bourgeois bon serviteur du roi*, par conséquent une œuvre par-

---

[1] T. X, p. 525.
[2] *Satire Ménippée;* Harangue de Rose, p. 93.
[3] *Bernier*, préf., p. 25.

tiale, et par là même peu *digne de foi*, malgré la recommandation qu'il juge devoir se décerner à lui-même.

A cet épisode du siège de Senlis, Du Ruel ajoute une autre circonstance qu'il convient de discuter ici, car elle se rattache à l'accusation précédente.

Rose avait composé, selon lui, un gros livre latin intitulé : *De justâ Reipublicæ christianæ in Reges impios et hereticos animadversione, justissimâque catholicorum ad Henricum Navaræum et quemcumque hereticum à regno Galliæ repellendum confederatione.* (*Du droit de la République chrétienne à châtier les Rois impies et hérétiques, et de la justice de la confédération qui a pour but d'éloigner du trône de France Henri de Navarre et tout prince hérétique.*)

Ce livre existe en effet.

C'est un pamphlet théologico-politique destiné à établir, le titre l'indique assez, qu'Henri de Navarre, en sa qualité d'hérétique, est inhabile à régner sur un peuple catholique, et que ce peuple a le droit de se choisir un roi, qui donne à ses croyances des garanties sérieuses.

De l'aveu de tous, ce livre, résumé des opinions de la Ligue et de ses tendances démocratiques, est remarquable par l'érudition, l'ensemble des idées, la logique et le style.

Or, Guillaume Rose, toujours au dire de Du Ruel, qui se dispense d'indiquer où il a puisé ce renseignement, était arrivé sous les murs de Senlis et dans le camp ligueur avec des tonnes toutes pleines de ce livre fraîchement imprimé, puisque la première édition est de 1590, et que le siége dura du 1er au 12 mai de cette même année. Rose se proposait de distribuer le pamphlet dans la ville, quand on l'aurait réduite. Mais Rose ayant été obligé de se sauver à la hâte, on trouva les volumes dans le camp, lorsque les habitants le pillèrent.

L'évêque de Senlis est-il l'auteur de ce traité, comme l'affirme Du Ruel ? C'est un point plus que douteux.

Cet ouvrage est bien attribué à Rose par le Duchat, le P. Lelong, le P. Daniel et Anquetil [1] : mais ces autorités ne sont pas

---

[1] *Ch. Labitte ; De la Démocratie, etc.;* Appendice, p. 373.

décisives. Il y a de cet ouvrage deux éditions, l'une faite à Paris en 1590 ', l'autre à Anvers en 1592 ². L'ouvrage est signé, G. G. R. A. *Peregrinus romanus*, ce que le Duchat a prétendu traduire par *Gulielmus Rossœus : Guillaume Rose*.

D'autres ont lu *Guillelmus Reginaldus, Anglus*. Cet anglais était alors à Paris et grand ligueur. D'autres encore ont lu Gilbert Génebrard, Guillaume Giffort.

De nos jours, la question a été agitée de nouveau, sans être résolue. M. Weiss (Biog. univ.) veut que Rose soit l'auteur du pamphlet. M. Barbier l'attribue à Réginald, M. Brunet à Rose. M. Labitte, essayant à son tour la solution de ce problème bibliographique, et se fondant sur certains passages du traité, conclut qu'il n'appartient ni à Réginald, ni à Guillaume Rose, mais à un pamphlétaire bourguignon demeuré inconnu. Par conséquent, encore une accusation dont il ne faut plus charger si résolûment notre évêque.

Reprenons maintenant la vie de Rose. La Ligue ayant perdu Senlis, il dut s'en éloigner et se retirer à Paris. S'il prêcha plus d'une fois contre Henri IV, c'est un crime qui lui fut commun avec tous les prédicateurs catholiques du temps.

Eut-il quelque part à la tentative d'escalade faite contre Senlis en juillet 1589, dans le but de rendre cette ville à la Ligue, et qui coûta la vie à un grand nombre de prêtres et de religieux? Rien ne le prouve, car les historiens contemporains qui nous ont laissé le nom des ecclésiastiques compris dans cette occasion nous auraient certainement cité le sien ³.

Rose resta donc hors de Senlis, depuis environ le mois d'avril de 1590 jusqu'au 17 septembre 1596 ; c'est-à-dire six années. Il n'entre pas dans l'idée de ce travail de relater les évènements si nombreux et si importants accomplis durant ce temps : nous devons nous restreindre à ceux où l'évêque de Senlis dut se trouver nécessairement mêlé.

' In-8°, chez Guillaume Bichon.
² In-8°, chez Jean Keerberg.
³ Bernier, pag. 492, 116 et 122.

Henri III avait été assassiné le 2 août 1589. Henri IV, abandonné de la plus grande partie de l'armée royale, se mit à conquérir, par les armes, un trône dont la Ligue lui contestait l'héritage. Vainqueur de Mayenne à Arques et à Ivry, il vint assiéger Paris, que les habitants défendirent avec un admirable élan.

Lestoile, De Thou et après eux tous les historiens nous montrent Rose devant ce siège, soutenant l'ardeur des Parisiens, de ses prédications et au besoin de sa personne. Il aurait paru à la brèche escorté de treize cents prêtres, religieux, écoliers de l'Université, à la tête desquels il marchait comme leur colonel, la pertuisane et l'arquebuse sur l'épaule, un crucifix pour enseigne, et pour drapeau une bannière de la sainte Vierge. Ne rions pas trop d'un spectacle que nos mœurs n'acceptent plus, mais que d'autres siècles voyaient sans surprise. Disons plutôt avec un historien moderne, peu suspect de bienveillance systématique à l'endroit de la Ligue, M. Henri Martin : « Sans doute, l'étrange association du froc et de la cuirasse, du bréviaire et de la hallebarde, prêtait à la raillerie. Cependant l'histoire ne doit pas oublier que sous ces grotesques accoutrements battaient des cœurs animés d'un sombre enthousiasme, que ces moines étaient prêts à mourir dans les combats et sur les échafauds, qu'ils partagèrent enfin avec une constance inébranlable toutes les fatigues, les misères, les dangers des défenseurs de Paris [1]. »

Nous sommes en 1593. Le cardinal de Bourbon (Charles X) vient de mourir. Les ligueurs assemblent les États généraux dans le but d'élire un roi. La race des Valois était éteinte, Henri de Navarre frappé d'incapacité. Le trône était donc vacant, et la nation rentrait en possession de son droit primordial d'élire son souverain. La convocation des États généraux était la théorie de la souveraineté du peuple appliquée.

L'Assemblée de 1593 a donné lieu à la Satire Ménippée et à

---

[1] Hist. de France, tom. XI (1843).

ses fines, mais souvent calomnieuses railleries. Heureusement, nous avons les procès-verbaux de cette réunion qui permettent, dit M. Chalembert, de la présenter sous un jour nouveau et de séparer la vérité de la parodie burlesque [1].

Rose figura naturellement dans cette Assemblée, et prit aux affaires qui s'y traitèrent, une part importante. C'est lui qui communique le plus souvent au Tiers-État les délibérations des autres ordres; son nom reparait à chaque instant [2].

Trois partis se trouvèrent en présence : le parti catholique, qui voulait un roi catholique, mais français; le parti démocratique et communal, qui rêvait une sorte de confédération analogue à celle de la Suisse, sous la direction des Seize [3], et enfin le parti espagnol, qui demandait l'abrogation de la loi salique au profit de l'infante Claire-Eugénie, fille de Philippe II et d'Élisabeth de France, et par conséquent petite-fille de Henri II. Le parti catholique avait sa nuance dans les politiques personnifiés dans le président d'Aubray. Ce parti favorisait secrètement Henri de Navarre, dont il espérait la conversion.

Les États se tinrent au Louvre avec l'appareil usité, sous la présidence de Mayenne. Ils ne furent pas précédés de la ridicule procession décrite dans la Ménippée, mais d'une messe solennelle célébrée à Notre-Dame. Par conséquent, on ne vit pas, dans cette occasion, *M. Rose, naguères évêque de Senlis, et maintenant grand-maître du collége de Navarre et recteur de l'Université, quitter sa capeluche rectorale, prendre sa robe de maistre-ès-arts avec le camail, et le roquet, et un hausse-col par-dessus, la barbe et la tête rasées tout de frais, l'espée au côté, et une pertuisane sur l'épaule* [4].

Quant à la procession dite de la Ligue, qui ouvre la Ménip-

---

[1] Hist. de la Ligue, tom., II, p. 169.
[2] Procès-verbaux des Etats de 1593, publiés par M. Bernard. Paris, 1842, in-4°. — Henri Martin. XI. 378-79.
[3] *La Ligue à Beauvais*, par M. Dupont-White, p. 101. — Henri Martin, tom. XI. Passim.
[4] Satire Ménippée, p. 14. Edition Labitte.

pée, et qui a été le sujet d'une gravure bien connue, rétablissons les faits, et séparons ici le sacré du profane. A l'ouverture des États, le 17 février 1593, le 10, selon le texte de la satire, l'Assemblée se rendit à Notre-Dame avec la plus religieuse attitude. Pendant la tenue des États, le 12 mai, anniversaire de l'insurrection des barricades, célébré comme une fête nationale, il y eut une procession où les évêques et archevêques soutenaient sur leurs épaules les reliques de saint Denis et de ses compagnons [1]. La procession dite de la Ligue, plutôt militante que religieuse, et à laquelle nous avons déjà fait allusion, avait eu lieu le 3 juin 1590 [2] : c'était une parade destinée à relever le courage des assiégés.

Mais revenons aux États généraux.

L'Ambassadeur d'Espagne, le duc de Féria, proposa donc de déférer la couronne à l'infante, et pour concilier les partis, il donnait à entendre que le duc de Guise deviendrait l'époux de cette princesse. Ce projet, en même temps qu'il renversait la loi salique, blessait profondément le sentiment de l'indépendance nationale. Une commission avait été chargée d'entendre les communications de l'ambassadeur de Philippe II.

Elle était réunie avec Mayenne, le 14 mai, chez le légat. Rose en faisait partie. Féria offrit à la Ligue, sous deux mois, quatorze mille combattants étrangers soldés pour un an, et 200,000 écus pour la solde des troupes françaises, avec la moitié de ces secours pour l'année suivante, moyennant que l'infante Isabelle fût déclarée reine de France.

A ces mots, l'évêque de Senlis se lève brusquement, et prenant la parole, sans même consulter ses collègues, il dit : que la France s'était conservée douze cents ans sous la domination de ses rois, selon la loi salique et la coutume du royaume ; que si on rompait cette loi, ou que par élection on nommât une fille, elle se pourrait marier à un prince étranger, à quoi les

---

[1] Palma Cayet. Chron. noven. p. 533. (Édition du Panthéon littér.) —Chalembert, Hist. de la Ligue, tom. II, p. 217.
[2] Anquetil, Esprit de la Ligue, tom. II, p. 248.

Français ne voudraient jamais consentir. Puis il ajouta qu'à la vérité, les politiques avaient bon nez et avaient bien senti, *quand ils disaient qu'il y avait de l'ambition mêlée avec la Religion ; que lui et ses compagnons avaient long-temps soutenu le contraire ;* mais que si le roi d'Espagne persistait en ses prétentions, il deviendrait politique lui-même[1].

Cette sortie véhémente émut d'autant plus les ministres espagnols, qu'ils s'y attendaient moins. L'évêque de Senlis était l'un des chefs les plus ardents du parti de l'Union ; nul n'avait jeté du haut de la chaire plus d'anathèmes contre le Béarnais, et ce revirement soudain était un nouvel indice des graves modifications qui s'étaient opérées dans l'opinion publique.

Par son discours, Rose fit une œuvre vraiment nationale et contribua à sauver le pays des intrigues presque triomphantes de la Maison d'Autriche.

C'est l'aveu d'un de ses adversaires les plus obstinés, M. Charles Labitte[2]. Seulement, au lieu de voir avec Anquetil, Lacretelle, M. Henri Martin et la plupart des historiens, un acte de dévoûment dans la conduite de Rose, il s'entête à n'y voir qu'une boutade, un de ces accès de colère auxquels il était sujet. Il adopte l'explication de Lestoile, une mauvaise langue s'il en fut jamais, qui, racontant la sortie de Rose contre l'Espagne, ajoute : « C'estoit parler fort-à-propos pour un fol. » « Lestoile a raison, dit M. Labitte : c'est à mon sens le plus fa-
« vorable jugement que l'on puisse porter de Guillaume Rose;
« si, comme on l'a insinué, l'évêque de Senlis sauva presque
« la monarchie, ce serait le cas de redire le beau vers de
« Régnier : »

« Les fous sont, aux échecs, les plus proches des rois[3]. »

Nous repoussons cette appréciation au nom de la vérité et de la justice et aussi des convenances :

---

[1] Journal de Henri IV. Davila, liv. III.
[2] P. 249.
[3] Ibid. 250.

Rose ne fut pas un fou. S'il porta dans la Ligue la fougue d'un caractère ardent, il y porta aussi de la sincérité. Avec la plupart de ses contemporains, il croyait le catholicisme en péril, et la Ligue était à ses yeux un moyen de sauver la foi, et avec elle le caractère propre de la monarchie française. C'est à ce point de vue qu'il s'élève contre Henri III, sacrifiant à ses convictions ses sentiments personnels pour ce prince, qu'il sert à Senlis la cause de l'Union, qu'il prêche contre Henri IV entaché du crime d'hérésie : toutefois, en lui, c'est moins l'homme qu'il repousse que le huguenot. Il semble lui dire : Vous ne règnerez pas ou vous règnerez catholique. Ne l'avait-on pas entendu, pendant le siége de Paris, à Notre-Dame, dire qu'il fallait demander à Dieu *un roi qui ne fût ni hérétique ni étranger, ni Espagnol, mais bon catholique et du sang de France* [1] ?

Telle était d'ailleurs la sage tactique de Sixte V et des papes Urbain VII, Innocent IX et Clément VIII [2], durant ces longs et orageux débats. Et Rose paraît s'être constamment tenu attaché à Rome ; il eut même la pensée de s'y rendre personnellement [3]. A son défaut, il y envoya quatre députés [4].

N'oublions pas que, selon les idées du temps, Henri IV, non réconcilié avec l'Eglise et son chef, chargé des censures canoniques, n'était pas roi, mais le chef d'un parti. Rien de moins établi que ses droits à la couronne, puisque, d'une part, son hérésie constituait un empêchement civil et canonique, et de l'autre, il n'était parent du roi défunt qu'au vingtième degré, ce qui, même en droit civil, n'était pas un degré successible.

La Ligue, dans ce qu'elle avait de saint, d'élevé, de pur, et le Clergé surtout, ne demandait qu'un roi catholique.

Ces considérations justifient l'attitude de Rose aux États généraux. Evêque, il repousse un candidat protestant ; il le de-

---

[1] Henri Martin, tom. XI, p. 308.
[2] Voir Henri IV et Sixte V, par M. Segrétain. (*Passim*)
[3] Mallet, ap. Bern., p 89.
[4] Du Ruel.

vait ; mais Français, il ne veut pas d'un souverain étranger. Et telle est la raison de cette sortie vigoureuse qui écarte définitivement la candidature de l'infante Isabelle.

Je n'ai pas la prétention de trouver Rose sans reproche, ni d'en faire un petit saint ; mais il me semble que sa conduite aux États généraux pourrait bien encore ébranler l'accusation de vénalité élevée contre lui. M. Labitte le prétend vendu à l'Espagne.

Il appuie son dire :

1° Sur Lestoile, royaliste quand même et ennemi de la Ligue ;

2° Sur une dépêche de don Diégo d'Ybarra, un des députés du roi d'Espagne, à son maître, Philippe II, à propos de la conférence de Suresnes [1]. On sait qu'Henri IV, effrayé des tendances des États généraux, avait manifesté l'intention de se convertir, et s'était décidé à entrer en pourparlers avec les principaux chefs du parti catholique qui s'étaient abouchés à Suresnes avec les royalistes (1593). Rose avait été désigné pour assister à cette conférence. Il refusa cette délégation et fut remplacé par l'évêque d'Avranches.

Ybarra le regretta, et dit, en parlant de l'évêque de Senlis : *C'eût été un meilleur sujet ; mais il a craint de se mettre dans les mains de l'ennemi* [2]. Dans ce mot de *sujet*, qui emporte ici l'idée d'aptitude, de capacité, plutôt que celle de dépendance, M. Labitte prétend trouver la preuve officielle que Rose était vendu à l'Espagne. Mais s'il est vendu, pourquoi se sépare-t-il d'elle d'une façon si éclatante et déjoue-t-il des projets anti-français ? Qu'il ait eu des rapports avec l'Espagne, comme la Ligue en eut, ces relations s'expliquent encore par les idées

---

[1] Archives du royaume. H. 1413. — Papiers de Simancas. Ch Labitte, loc cit., p. 243.

[2] *Mucho mejor sujeto*. (Archives du royaume. — Papiers de Simancas. B 78, pièce 234).

et les mœurs du temps. Alors les puissances catholiques se soutenaient et s'appuyaient mutuellement, comme les puissances hérétiques se prêtaient main-forte. Communiquer de cette façon avec l'étranger, n'était pas réputé acte de trahison. D'ailleurs, les puissances unies par une même foi ne se regardaient plus comme étrangères, lorsqu'il s'agissait des intérêts de leurs communes croyances. Henri IV recevait de l'argent et des troupes d'Angleterre, des Pays-Bas et d'Allemagne.

La Ligue, Union catholique, trouvait un allié naturel dans Philippe II, souverain catholique, qui la servait de son or et de ses troupes. Assurément, j'en conviens, la politique de Philippe n'était pas désintéressée. Il le montra bien en proposant aux États-généraux l'abolition de la loi salique au profit de sa fille.

Mais il ne démasqua pas de suite ses desseins. Le parti vraiment catholique put croire et crut longtemps que Philippe n'avait d'autre but que la conservation en France de la foi, sous un roi orthodoxe : Rose a évidemment partagé cette confiance jusqu'aux États généraux : c'est le sens de ces paroles : *Les politiques avaient bon nez quand ils disaient qu'il y avait de l'ambition mêlée à la Religion : lui et ses compagnons avaient longtemps soutenu le contraire... etc.* Mais le jour où, levant le masque, Philippe dévoila ses desseins, les cœurs vraiment français lui résistèrent, et c'est la gloire de Rose d'avoir été de ce nombre. La qualification de *meilleur sujet* donnée par Ybarra à l'évêque de Senlis, en la prenant dans son acception la plus espagnole, prouve qu'Ybarra croyait Rose partisan quand même de l'Espagne, mais non qu'il le fût. Ne peut-elle d'ailleurs recevoir une moins odieuse interprétation que celle de M. Labitte ? L'ambassadeur redoutait naturellement l'heureuse issue de la conférence, puisqu'elle faisait les affaires d'Henri IV. Or, Rose étant connu par son opposition au Béarnais, Ybarra devait regretter l'absence d'un homme, d'un personnage, d'un sujet dont l'autorité, l'éloquence et l'hostilité lui semblaient devoir entraver la négociation entreprise. Du reste, si Rose n'alla pas à Suresnes, ce ne fut pas pour la raison alléguée dans la dépêche espagnole. Il motiva son refus *sur ce qu'il serait mal vu*, c'est

M. Labitte qui nous le dit ¹. Mal vu de qui? des royalistes et du Béarnais. Pourquoi ne verrions-nous pas ici une nouvelle preuve de la sincérité des sentiments de Rose? Désireux avant tout de voir triompher la cause catholique et de sauvegarder la monarchie française, dès qu'il voit les évènements tendre vers ce double but, et Henri IV songer sérieusement à se convertir, Rose se met à l'écart pour ne pas entraver, par sa présence à Suresnes, des négociations dont le succès est si désirable. Dans sa conduite, ainsi envisagée, il y aurait de la suite et non de la versatilité, un dévoûment véritable et non cette vénalité qu'on lui reproche. Je sais bien, car il faut tout dire, qu'on prétend justifier cette dernière accusation sur un mot de Lestoile (Lestoile, encore une fois, est suspect) et sur un passage de l'historien Herrera qui affirme qu'Aimar Hennequin et Rose recevaient une subvention, et que des fonds furent distribués pendant les États de 1593 aux députés pauvres ². J'admets le fait sans contestation. Était-ce donc à un évêque privé de son évêché par les royalistes et qui avait tout sacrifié à la cause de l'Union, était-ce un si grand crime d'avoir accepté un secours d'une puissance alliée, qu'il croyait alors mue uniquement par un but catholique, à laquelle, du reste, il ne vendit pas ses convictions, comme il le fit bien voir? Autant en dirai-je à propos d'une pension qu'il recevait de la duchesse de Montpensier, sœur des Guises, ce qui ne l'aurait pas empêché de prêcher contre elle ³. La brusque facilité avec laquelle Rose se retournait contre ceux même que l'intérêt l'invitait à ménager, tendrait précisément à établir qu'il n'avait guère l'habitude de consulter l'intérêt. Nature ardente, fougueuse, emportée, mais convaincue, il use de la parole comme d'une arme dont il frappe à tort et à travers, à droite et à gauche, amis et ennemis. Il s'arroge la mission de dire à tout le monde ses vérités ⁴. Mais s'il fut un enfant terrible, il ne fut jamais un mauvais

---

¹ Labitte, p. 243. — Note.
² M. Labitte, p. 243. Note.
³ Dialogue du Maheustre. Journal d'Henri IV, p. 45.
⁴ *La Satire en France*, par C. Lenient, p. 372.

Français ni un vil salarié de l'étranger. Je veux encore insister sur ce point.

Un *Recueil de plusieurs harangues, remontrances, etc.*, publié à Paris en 1622, par Jean de Lannel [1], contient une pièce intitulée : *Lettre de l'évêque de Senlis à un homme d'État de ses amis.* J'en extrais quelques citations :

« Quatre personnages tiennent la France plongée dans « une profonde misère : ce sont le roi de Navarre, le duc de « Mayenne, Philippe II et le pape.

« 1. — Le Béarnais est le plus à craindre à cause de son hé- « résie ; mais il n'est pas si blâmable que les trois autres, puis- « qu'il ne fait que poursuivre le droit qu'il suppose avoir à la « couronne de France, et puisqu'il est appuyé par les plus « apparents du clergé et de la noblesse.

« 2. — Sans doute le débonnaire Mayenne n'est pas des « plus ambitieux du monde... Mais à quels reproches légitimes « ne s'est-il pas exposé ?.... Il ne sait ce qu'il veut, et tandis « que ses ambitieux desseins le tiennent en suspens, la Reli- « gion périclite... C'est un homme bon à commander en sous- « ordre... Personne ne veut de lui pour roi, sinon deux ou « trois altérez.

« 3. — Quant à Philippe II, il abuse la Ligue par des pro- « messes : il n'a de zèle qu'en apparence. Ses projets tendent à « usurper la couronne, à nous mâter, à advancer la Maison « d'Autriche, à s'élever sur notre ruine.

« 4. — Enfin il y a le pape [2]. C'est de lui que tout dépend, « et il ne fait rien. Ses prédécesseurs, au moins, envoyaient « de l'argent. Qu'il reprenne donc dans les affaires de France « la place influente qui lui appartient : qu'il excommunie les « prédicateurs favorables aux Navarrais, et qu'il envoie des « instructions aux chefs des ordres, afin qu'ils fassent parler « leurs moines dans les chaires. Le Saint-Père doit partir de « deux principes, à savoir : qu'il ne faut pas *lâcher la bride à* « *l'Espagnol, lequel veut tout engloutir*, et qu'en France, la Re-

---

[1] P. 560.
[2] Clément VIII.

« ligion ne fait qu'un avec l'État. C'est au pape que revient le
« droit de désigner le roi de France ; seul il est désintéressé,
« seul il a ce pouvoir, qu'il choisisse donc, qu'il se hâte. La
« nation lui obéira. »

Il est évident que, si cette lettre est authentique, elle venge Rose du crime d'avoir été *espagnolisé*, et elle justifie le point de vue sous lequel nous prétendons le montrer dans cette étude.

Mais cette lettre est elle authentique ? M. Labitte, qui a contre l'évêque de Senlis un parti pris d'injustice, et qui, en recueillant fidèlement les sentiments de Lestoile, les a trop épousés, dit M. Lenient, dans son livre remarquable de la *Satire en France*[1], nie l'authenticité de cette pièce. Il y est contraint par sa thèse même ; car si Rose est l'auteur de cette lettre, il n'est plus ce ligueur versatile, insensé et vénal de la Ménippée. C'est un homme sensé qui juge sainement la situation avec ses périls et ses remèdes ; c'est un cœur catholique et français qui n'a que deux ambitions, deux nobles ambitions : la conservation de la foi et celle de la monarchie et de ses traditions séculaires. Au fond, M. Labitte n'allègue contre cette pièce rien de sérieux ; elle l'embarrasse visiblement. Qu'on en juge. « Cette
« pièce ultramontaine est-elle de la Ligue ? N'est-ce pas une
« supercherie d'érudit ? Quel ligueur a eu cette modération de
« langage ? Quel ligueur s'est préoccupé des envahissements
« de la Maison d'Autriche ? Quel ligueur a traité Henri IV avec
« cette indulgence ? Est-ce Rose qui, dans une lettre demeurée
« secrète aurait montré ce calme de raisonnement qu'il n'avait
« pas en public, qu'il n'avait pas dans sa chaire. *Je crois re-*
« *connaître* une main exercée et sûre ; c'est le ton de Villeroy,
« de d'Ossat, de Du Perron. Les pamphlets de l'Union sont au-
« trement fougueux. On ne peut considérer la lettre de *l'éves-*
« *que de Senlis*, que comme une plaisanterie de collecteur[2]. »

J'oserai soutenir un avis contraire. Cette lettre est attribuée à l'évêque de Senlis dans la collection de Jean de Lannel, et

---

[1] P. 375.
[2] Labitte, p. 252.

cela en 1622, trente ans après qu'elle aurait été écrite. Un juge, dont l'autorité est considérable, le P. Lelong, n'hésite pas à la rapporter à l'année 1592. Les idées émises dans cette pièce ne sont nullement en contradiction soit avec les sentiments d'une fraction du parti ligueur en général, soit avec ceux de Rose en particulier. Les catholiques sincères qui avaient embrassé l'Union dans le but exclusif de soutenir la Religion, s'appuyaient sur Rome, et agissaient de concert avec elle ; ils repoussaient, comme la Papauté, l'idée de voir un prince espagnol sur le trône de France, et quoi qu'en dise M. Labitte, l'extension de cette puissance était bien alors une inquiétude ; dans Henri IV, ils ne repoussaient que le huguenot, et ils étaient disposés à le reconnaître pour roi, le jour où lui-même consentirait à reconnaître l'Eglise. Ce qu'ils firent en effet.

Si le ton modéré de cette lettre contraste avec le ton de notre évêque, c'est que c'est une lettre écrite dans le calme de la réflexion et du cabinet, et non un discours improvisé au milieu des émotions de la foule.

Cependant les négociations entamées par les royalistes auprès des ligueurs, avaient abouti. Obéissant à sa conscience ou à la politique, le roi s'était décidé à abjurer, et la cérémonie s'était faite à Saint-Denis, le 25 juillet 1593, un peu à la hâte. Renaud de Beaune, archevêque de Bourges, entouré des évêques royalistes, donna l'absolution au Béarnais, au mépris des règles de la hiérarchie, et des droits les plus évidents du pape à qui était réservée la réconciliation d'un prince qu'il avait lui-même frappé des censures ecclésiastiques. Aussi le légat dût-il protester contre ce mépris ou cet oubli des règles. Il est probable que le roi, dont la conversion n'était peut-être qu'un expédient, préférait avoir affaire à ses évêques et redoutait l'intervention du pape, qui eût exigé de lui des garanties et des promesses.

Cependant, il envoya à Rome le duc de Nevers, à l'effet de solliciter la ratification de ce qui s'était passé à Saint-Denis. Le Saint-Siége fit attendre deux ans l'absolution solennelle du Béarnais [1]. Ce fut seulement le 17 septembre 1595, et après

---

[1] Segrétain. Sixte V et Henri IV.

de longues négociations conduites par d'Ossat et Du Perron, que Clément VIII, annulant l'absolution de Saint-Denis, releva Henri IV de toutes les incapacités canoniques qui le rendaient inhabile à régner sur un peuple catholique. Ce jour-là, la Ligue recueillait le fruit de ses luttes, et n'avait plus sa raison d'être. Elle paraissait vaincue ; en réalité elle était victorieuse. La France gardait sa foi, la royauté ses traditions, et l'antique devise de nos pères restait vraie : *Un Dieu, une foi, un roi !*

Rose rentra à Senlis le 17 septembre 1596 [1]. « Le 17 mars « précédent, dit Vaultier, révérend père en Dieu, messire Guil- « laume Rose, évêque de cette ville, envoya lettres-patentes « du roi qui furent le lendemain lues et publiées en l'audience « du château, par lesquelles il lui permettait rentrer en pos- « session et jouissance de son évêché, ayant, durant ces trou- « bles, été en refuge dans l'abbaye du Val, près de Beaumont- « sur-Oise [2]. »

Il y avait huit ans qu'il était absent; il avait passé une partie de ce temps à Paris, occupé des intérêts de la Ligue. Il y avait sacré le célèbre Génébrard, fameux hébraïsant, le maître de St François-de-Sales, un ligueur ardent aussi, et qui fut élevé à l'archevêché d'Aix [3]. La cérémonie eut lieu à Sainte-Geneviève, le 10 avril 1590, avec l'assistance d'Aymar Hennequin, évêque de Rennes, et de Jacques de Beton, archevêque de Glasgow.

La Ligue, mécontente de Pierre de Gondy, évêque de Paris, qui n'avait pas voulu signer l'Union, songea un moment à le remplacer par Guillaume Rose. A en croire Du Ruel, l'évêque de Senlis aurait intrigué pour supplanter son collègue sur le siège de Paris, et aurait même osé prendre le titre d'évêque de ce diocèse. Mais Du Ruel, d'abord, est trop hostile à Rose pour qu'on ne se tienne pas en garde contre ses dires; de plus, il commet ici une grossière méprise facile à relever [4].

---

[1] Jean Vaultier. V. Bern., p. 340 et 332.
[2] Notre-Dame du Val, de l'ordre de Cîteaux, à sept lieues de Paris. — (Dict. des abbayes. Coll. Migne.)
[3] Du Ruel, p. 552.
[4] Labitte, p. 340. — Note.

G. Rose, dit-il, prêchant le 6 avril 1593 à Saint-Côme, aurait dit publiquement : « Il y a dans mon évêché, parlant de « Paris, un apostat qui a coutume de dire au commencement « de son prône : Nous prierons pour M. G. Rose, dévoyé de « la foi, à ce qu'il plaise à Dieu le ramener en la droite voie. « C'était M. Chauveau, curé de Saint-Gervais. » Or, ledit Chauveau, chassé de Paris, était précisément à Senlis, où il mourut, et c'est là qu'il prêchait alors contre Rose. *Mon évêché*, signifie donc bien l'évêché de Senlis, et non celui de Paris.

Je ne dois pas taire une autre tache qu'on a voulu infliger à la mémoire de l'évêque de Senlis. Il était lié avec le président de Neuilly, un des plus énergiques fauteurs de la Ligue. Les partis sont sans pitié. Les relations de Rose avec cette maison, et surtout avec Mademoiselle de Neuilly, furent odieusement interprétées et donnèrent lieu à une imputation calomnieuse.

Je ne puis répéter ici les termes mêmes avec lesquels un pamphlet du temps la formule [1]. Il est regrettable de trouver dans Du Ruel un écho, voilé, il est vrai, d'une accusation portée contre les mœurs d'un prélat dont la réputation, sous ce rapport, a toujours été intacte. L'histoire grave et sérieuse doit passer à côté de ces viles attaques, qui s'abritent lâchement dans l'ombre d'une satire anonyme, sans daigner les honorer d'une réfutation.

Rose sortit de Paris à l'entrée et sur l'ordre d'Henri IV [2], et c'est alors qu'il se retira à l'abbaye du Val. A défaut des revenus de son évêché, qu'il ne pouvait toucher depuis longtemps, il vivait sans doute des honoraires de la charge de conservateur des priviléges apostoliques de l'Université, qui lui avait été conférée le 7 octobre 1590, charge vacante par la mort de M. de Brézé, évêque de Meaux [3].

---

[1] Journal d'Henri III, tom. Ier, p. 365, et tom. II, p. 107 et 71. Edit. de 1744. Notes. — *La bibliothèque de Mme de Montpensier. Satire Ménippée.* Edit. d'Amster., tom. II, p. 133 et 353.

[2] Lestoile, journal d'Henri IV, tom. I, p. 495. Lundi, 24 mars 1594. — Il était *du cartier du Carel.*

[3] Du Ruel, p. 526.

Rentré à Senlis, Rose s'occupa avec zèle des soins de son ministère et des intérêts spirituels de son troupeau, qui avait dû souffrir de l'absence du premier pasteur. « Notre évêque, « dit Vaultier, avait alors à sa suite deux docteurs, l'un, nommé « Le Bel, enfant de Boran, qui (le dimanche, 27) fit sa prédica- « tion au matin, et l'autre, nommé Gallement, curé d'Aumale, « qui prêcha, l'après-dînée, dans Notre-Dame. Ils faisaient, « trois jours la semaine, leçons du catéchisme dans l'Eglise « de Saint-Pierre, savoir : les mardi, jeudi et samedi de relevée, « pour instruire la jeunesse [1]. »

Rose déploya aussi son zèle « contre les folies du carnaval « et du mardi-gras, pour réparation desquels excès, il ordonna « une procession générale ce jour-là, qui mit fin à ces abomi- « nations. » C'est Du Ruel qui le rapporte, et je suis trop heureux de l'entendre parler une fois favorablement de Guillaume, pour ne pas lui emprunter ses expressions : «Une autre « abomination bien plus scandaleuse excita encore son zèle, et « il en vint à bout. Le premier dimanche de carême, le même « peuple allait danser sur la montagne d'Aumont, dont l'évêque « de Senlis est seigneur en partie. Il y fit planter une croix « pour empêcher le désordre, et cela lui réussit [2]. » Après ces lignes bienveillantes, notre historien revient à son péché habituel de critique, et reproche à Rose d'avoir été, au début de son épiscopat, plus complaisant pour certains usages introduits à la Cour et qui ne lui paraissent pas *selon la science*. Rose ne s'était-il pas avisé d'accorder des indulgences aux rois et reines de la fève qui allaient à l'offrande, et présentaient trois boules de cire couvertes, l'une d'or, l'autre d'argent, et l'autre d'encens ? Quel crime, en effet, d'avoir encouragé, ou maintenu, à l'aide des faveurs de l'Église, des usages simples, innocents, pieux même, et qui réjouissaient les fidèles en les édifiant !

Les dernières années de Rose ne furent pas exemptes des luttes qui avaient rempli sa vie.

---

[1] Vault. V. Bern., p. 547.
[2] Du Ruel, p. 537.

Il était, nous l'avons dit, grand-maître du collége de Navarre depuis 1583. Un certain Adrien d'Amboise avait profité des troubles publics et de la disgrâce de Rose pour obtenir cette maîtrise. L'évêque de Senlis, rétabli sur son siége par Henri IV, prétendit aussi rentrer dans ses droits de grand-maître. Le débat était encore pendant, quand Adrien d'Amboise prit le soin perfide de faire tomber aux mains des gens du roi, un livre intitulé : *Ludovici d'Orléans unius ex confœderatis pro catholicâ fide expostulatio*. Ce livre, imprimé en 1593, portait en plusieurs endroits des annotations de Guillaume Rose. D'Orléans était un ancien avocat général et un pamphlétaire, qui s'était signalé par son opposition à Henri IV et son aversion pour les protestants.

C'était plus qu'il n'en fallait pour se compromettre (A).

En cette même année 1598, le 13 avril, Henri IV avait porté l'édit de Nantes qui accordait aux calvinistes l'exercice public de leur culte dans certaines villes désignées, la jouissance de tous les droits civils, l'admission à tous les emplois, des ap-

---

[1] Afforty, tom. Ier, p. 413.

(A) 1598. Lis inter D. Rose episcopum Sylv., ob magnum collegii Navarrici magisterium quod Rosa obtinebat anno 1583, cum ad episcopatum promotus, adversus M. Adrianum d'Amboise magnum colegii Navarrici magistrum. D. Rose enim post civiles tumultus in Galliâ excitatos a rege Henrico IV°, restitutus in integrum, magnum illud magisterium jure restitutionis sibi vindicabat et rursus in possessionem mitti voluit et d'Amboise de possessione dejicere voluit.

(Hist. de l'Univ. de Paris, fol. 906, t. VI.)

Adhuc lite pendente inter episc. Sylv. et Adrianum d'Amboise pro magisterio collegii Navarrici opera domini d'Amboise in trium virorum regiorum manus incidit libellus ab ipso episcopo Sylv. in pluribus locis annotatus cujus hæc erat inscriptio : *Ludovici d'Orléans unius ex confœderatis pro catholica fide exposulatio*... quo nomine ad postulationem procuratoris generalis lis intentata ipsi episcopo apud senatum, a quo causâ cognitâ latum est hoc decretum die 5ª septemb. 1598. (Regist. du Parlement.)

(Afforty, t. Ier, p. 803-808-911-413.)

pointements à leurs ministres, et 121 places de sûreté, entre autres La Rochelle et Montauban [1].

Cet acte, dont les concessions parurent excessives à Sully lui-même, blessait profondément les catholiques, qui formaient, ne l'oublions pas, l'immense majorité de la nation. Il souleva dans les parlements [2], à la Sorbonne, dans le pays, à Rome, une violente indignation. On n'y voyait pas, comme aujourd'hui, une mesure de conciliation et d'apaisement : aux yeux de ceux qui se défiaient d'Henri IV et qui n'avaient pas cru pleinement à la sincérité de sa conversion, l'édit parut une trahison et une violation de la promesse faite par le roi de défendre la foi catholique. Aussi, les vieilles passions, à peine assoupies, se réveillèrent-elles chez ceux dont un contemporain a dit : *Bien des gens portaient la fleur de lys sur leurs habits, et la croix rouge dans le cœur.*

Rose ne fut pas le dernier à s'élever contre l'édit de Nantes. Il en parla, comme il faisait de toutes choses, avec cette liberté qui ne sait pas cacher ses convictions. Il déclara en chaire qu'il était prêt à entrer dans une nouvelle ligue. Il fut, pour ce fait, *propter dicta quædam non dicenda* [3], traduit devant le parlement. Il y avait déjà contre lui l'annotation du pamphlet de d'Orléans.

Triste effet des haines et des réactions politiques ! affligeant, mais éternel exemple des versatilités humaines ! Ce même parlement, qui avait jadis repoussé le Béarnais et l'avait déclaré inhabile à la couronne, flétrit, chez l'évêque de Senlis, la fidélité à des convictions qu'il avait lui-même partagées ! Il le traduisit à sa barre ; Rose avoua noblement et les notes et la parole qu'il avait dite en chaire. Il fut condamné le 5 septembre 1598 « *à dire et déclarer en la grand'chambre, estant*

---

[1] Mury, Précis de l'hist. pol. et relig., t. II, p. 299.

[2] Celui de Rouen, par exemple, résista dix ans avant de consentir à enregistrer l'édit. (Henri Martin, Hist. de Fr., t. XI.)

[3] Launoy, *Hist gym. Navar.* (Op. VII, 749.)
De Thou, *liv.* 120, § 10, *t.* V, *p.* 732.
Lestoile, *Journal de Henri IV, p.* 295.

« *debout et tête nue, en présence des gens du Roy, que témérai-*
« *rement et indiscrètement, comme malavisé, il a dit et proféré*
« *qu'il avait été de la Ligue, et que s'il était à recommencer, il*
« *en serait encore, et en outre, qu'il tient ledit livre intitulé :*
« *Ludovici et le reste, plein d'impiétés et de blasphêmes contre*
« *l'honneur de Dieu et l'obéissance due aux Rois* [1]. » Le parlement ordonne de plus « *qu'il aumosnera trois cents livres pour*
« *le pain des prisonniers de la conciergerie du Palais, et s'abs-*
« *tiendra d'aller en la ville de Senlis pour un an, sans pouvoir,*
« *durant ledit temps, prêcher en quelque lieu que ce soit.* » Le tout signé de Harlay et de Montholon [2].

Il y aurait bien à dire sur un arrêt porté par des juges laïcs qui ôtent à un évêque le droit sacré de résider en son diocèse, de l'administrer et d'y prêcher, et qui punissent en lui des sentiments qui bouillonnaient encore au fond de beaucoup d'âmes. L'arrêt fut exécuté à la rigueur.

Rose se présenta au parlement et devant ses juges, vêtu de son rochet épiscopal. Lorsqu'il fallut faire la déclaration ordonnée, on l'invita à quitter ce rochet. Il s'y refusa, et il entra dans la grand'chambre comme il était habillé. On lut la sentence, qu'un huissier le contraignit à répéter.

Quoiqu'en dise Voltaire [3], et après lui M. Labitte [4], je partage le sentiment de M. Danjou [5], et avec lui, je ne puis m'empêcher de reconnaître, que l'évêque fit alors preuve d'un beau caractère et d'une grande attitude.

Rose s'éloigna une seconde fois de son diocèse, et se retira peut-être à Auxerre, ce que j'induis d'un passage de Mézeray, qui prétend que Guillaume avait enfin changé son siége pour celui de cette dernière ville [6]. Pendant son absence, il nomma pour son grand vicaire, Jean Heurtant, prieur claustral de

---

[1] Du Ruel, p. 535-36. Tiré des registres du parlement.
[2] Ibid.
[3] OEuv. Ed. Ren., t. 53. 178.
[4] Démoc. p 333.
[5] Arch. cur. sur l'Hist. de France, sér. 1, t. XIII, p. 115.
[6] Le Duchat. Not. ad Menipp., t. II, p. 195.

Saint-Victor-lès-Paris ', qu'il avait chargé en particulier de veiller à la conduite de l'abbaye de Saint-Vincent, par une lettre que nous possédons encore et datée de Mont-l'Évêque. (A).

' Note d'Afforty sur Du Ruel, p. 536.
Et Afforty, t. 1ᵉʳ.

(A) Carta Guillelmi Rose, episcopi Silvanectensis de reformatione monasterii Sancti-Vincentii Silvan., anno 1599.

Guillelmus Rose, Dei et sanctæ sedis gratia Silvanectensis episcopus dilecto et venerabili atque religiosissimo viro fratri Joanni Heurtaut, priori claustrali monasterii Sancti-Victoris propè Parisios salutem in Domino.

Quia propter gravissima negotia quæ quotidie occurrunt singulis pro arbitrio incumbere non licet : Nos de vestris pietate, religionis zelo, litterarum scientià et rerum agendarum experientià in Domino confidentes vos in vicarium nostrum in spiritualibus et temporalibus generalem et specialem substituimus per præsentes, Dantes et concedentes vobis potestatem auctoritatem et facultatem et mandatum speciale monasterium Sancti-Vincentii in urbe Silvanectensi fundatum nec non religiosas personas loca et membra ejusdem visitandi reformandi ac in spiritualibus regendi et gubernandi in capitulo dicti monasterii et alias ubi opus fuerit comparendi nostramque personam repræsentandi priorem tam in capite quam in membris Religionis dicti monasterii coram vobis evocandi injunctionesque et præcepta iis faciendi et super excessibus, criminibus et delictis eorumdem cognoscendi, eosdemque puniendi, corrigendi et in melius reformandi, monitionesque, suspensiones, interdicta, sententias, censuras, mulctas, et pœnas etiam carceris et alias quas sacri canones et statuta ordinis volunt et permittunt infligendi et inferendi et ab ipsis in forma juris et foro conscientiæ absolvendi et pœnitentiam salutarem secundum casuum exigentiam injungendi et justitiam exhibendi nec non religiosos prædicti monasterii ad aliud monasterium vel monasteria prædicti ordinis si opus sit transferendi et generaliter omnia alia et singula in præmissis et circa ea necessaria et opportuna quæ generalis vicarii officio incumbunt et quæ nos faceremus et facere possemus, si præsentes et personaliter interessemus, faciendi, gerendi et exercendi etiam si talia forent quæ mandatum exigerent speciale quam præsentibus sit expressum, vices nostras præmissis omnibus et singulis vobis auctoritate nostrà in hac parte plenariè committentes et concedentes donec eas ad nos duxerimus

Soit bonté naturelle, soit sympathie pour un noble caractère, soit adresse, soit enfin pour toutes ces raisons réunies, Henri IV se montra envers Rose moins sévère que le parlement. Il ne paraît pas avoir gardé rancune au vieux ligueur, en qui il avait discerné, j'imagine, un adversaire loyal et sincère de sa politique plutôt que de sa personne. Il le désigna même pour prêcher à la cérémonie de son mariage avec Marie de Médicis (1600) : sur quoi je cite le bon Jaulnay : « G. Rose « fut particulièrement admiré en une prédication qu'il fit lors « du mariage d'Henri IVe du nom, Roy de France, avec Marie « de Médicis, ayant pris pour thème, ces mots : *Uxor tua sicut* « *vitis abundans in lateribus domûs tuæ*; et ce qui le fit admirer « davantage, fut que le Roy ne l'avait fait advertir que le jour « de devant [1]. » Si Rose eût été un homme taré, Henri lui eût-il donné ces témoignages de bienveillance?

Le 29 septembre de l'année suivante, la naissance d'un Dauphin était célébrée à Senlis par des actions de grâces, processions, feux de joie, et aux cris de : « Vive le Roi et Monsieur le Dauphin ! [2] »

Une autre marque de bienveillance d'Henri IV pour notre évêque, fut de consentir à ce qu'il résignât son évêché à son neveu, Antoine Rose, théologal de Notre-Dame. Antoine se rendit à Rome pour négocier cette affaire. Il y fut favorablement accueilli par Clément VIII, que Guillaume avait jadis reçu à Senlis, quand il n'était que cardinal de Florence. Le pape voulut lui-même sacrer le nouvel évêque, et lui fit remise du droit d'annates [3]. Serait-il téméraire de voir, dans cet acte de

---

resecandas Datum apud Montem episcopi, et sigillo cameræ nostræ et secretarii nostri chirographo, anno Domini 1599, die vero mensis junii 22ª. Signé Macaire, avec paraphe. (Archives de Saint-Victor.)

(Mss Affor.y, t. IX, p. 4890.)

[1] Le parfait Prélat, ou la Vie et les Miracles de saint Rieule, avec une histoire, etc., par Me Ch. Jaulnay, doyen de Saint-Rieule. 2e édition, p. 616. Paris, 1648.

[2] Ibid, p. 618.

[3] Du Ruel, p. 538.

Clément VIII, un souvenir et un hommage à l'adresse du vieil athlète qui avait soutenu la cause catholique avec une si vaillante ardeur, lui sacrifiant sa parole, ses forces et jusqu'à sa réputation [1] ?

Guillaume ne revit pas son neveu. Il mourut le 10 mars 1602, âgé de soixante ans, après avoir laissé tous ses ornements à sa cathédrale [2]. « *Notre évêque Rose*, dit encore Jaulnay, ayant « fleuri et fait sentir son odeur l'espace de dix-neuf ans, qu'il « a tenu le siège, perdit son lustre et son odeur, selon le corps, « par la séparation de son âme ; mais sa renommée sera jus- « qu'à la fin des siècles [3]. » Launoy, qualifié d'optimiste par M. Labitte, ajoute : que tout le diocèse de Senlis, et surtout les pauvres, pleurèrent leur évêque.

Rose fut inhumé dans le chœur, en face de la chaire épiscopale, à côté de son prédécesseur, sous une pierre élégante, dont M. l'abbé Magne, notre honorable et docte président, a donné la description d'après Gaignières, dans son mémoire sur les pierres tombales de la cathédrale de Senlis [4]. Autour de cette pierre était gravée l'inscription suivante :

Urna hæc laboribus confecti corporis D. D. Guillelmi Rose. Hic regibus Xtianissimis eloquentia charissimus, illa pietate simul singulari apud optimos quosque clarissimus : prisca nobilitate ab utroque parente oriundus. Doctor theolog. Parisiensis. Ecclesiæ Sylvanectensis episcopus absens erectus, quam 18 *annis maxima regni tempestate gubernans, sexagenarius ingenti Galliæ desiderio obiit M...*

A cette inscription, Antoine Rose, son successeur, en ajouta une seconde, sur un monument élevé entre la chaire épiscopale et la porte du chœur :

D. O. M. V. M.

D. D. Guillelmi Rose corpus hic quiescit. Primum sacræ Theologiæ Parisiensis doctor, decanus Calvomonti ac regum Christianiss.

---

[1] Du Ruel, p. 537.
[2] Loc. cit., p. 619.
[3] De la Démocratie, etc., p. 333.
[4] Comité archéol. de Senlis, Bulletin, année 1864, p. 63-64.

ecclesiastes. Mox Silvanectensis Ecclesiæ episcopus ac regiæ Navaræ summus moderator absens electus. Vir antiquæ nobilitatis, probitatis avitæ, immensæ erga ecclesiam ac pauperes liberalitatis, religionis zelo singulari, doctrinæ eloquentia incomparabili, morum ac fidei integritate, maximis denique pro Ecclesia exantlatis laboribus, optimis quibusque clarissimus. Præfuit Ecclesiæ Silvanectensi annos octodecim, diem clausit ætatis sexagesimo.

Antonius Rose ex fratre nepos carissimus, indigniss. licet, in episcopatu successor, mœrens gemensque, in resurrectionis fidem, gratitudinis specimen ac memoriæ monimentum Ponebat.
Anno 1603.
Animæ ejus Dominus Jesus donet
gloriam.

Ces inscriptions contemporaines, même en réduisant les éloges qu'elles renferment, attestent bien le vif souvenir de talent et de vertu laissé par Guillaume dans sa ville épiscopale.

Avant de terminer cette étude, ajoutons quelques mots sur Antoine Rose, dont l'histoire se rattache si naturellement à celle de son oncle.

Il prit possession du siége de Senlis, le 24 mars 1602, avec les cérémonies d'usage. Il négligea seulement de faire à la cathédrale et à Saint-Rieul, les offrandes usitées en pareille occasion ; omission qui lui valut un procès de la part des deux chapitres, et une condamnation par devant le Châtelet de Paris [1]. Tout évêque qu'il était, il voulut soutenir à la Faculté de Paris une thèse, dite *résumpte*, sur les questions de la grâce, alors fort agitées. Sa thèse déplut à la Faculté, parce qu'il y avait embrassé les doctrines du jésuite Suarez, préférablement à celles du dominicain Bannès. Au dire de Du Ruel, cette thèse alla jusqu'à Rome, et fut vertement qualifiée par le cardinal Baronius [2]. Antoine Rose plaida encore par devant le grand Conseil contre son chapitre, qui se prétendait en possession immémoriale d'accorder des démissoires aux chanoines de son

---

[1] Afforty.
[2] Du Ruel, p. 510.

corps, qui voulaient prendre les ordres d'un évêque étranger. Le chapitre gagna sa cause, par arrêt du 18 mars 1606 [1].

En 1608, Antoine Rose consacra les deux églises de Saint-Martin et de Saint-Etienne, ruinées dans les guerres civiles, et qui venaient d'être rebâties, ainsi que celle du prieuré de Saint-Nicolas d'Acy.

Des difficultés incessantes avec son chapitre décidèrent Antoine à permuter avec le cardinal de La Rochefoucault, évêque de Clermont en Auvergne (1609). Rose occupa ce siége durant cinq ans, et mourut en 1614 [2].

On trouve au Cabinet des estampes le portrait d'Antoine Rose avec ses armes qui, du reste, sont à peu près celles de son oncle. Il nous a été impossible de retrouver le portrait véritable de Guillaume.

Sur la tombe de ce prélat, dessinée dans Gaignières, ses armes sont ainsi blasonnées : écartelé au 1 et 4 d'azur, au chevron d'or, accompagné de trois roses de même, 2 en chef et 1 en pointe; au 2 et au 3 de sable au lion d'argent, et sur le tout, de gueules au pal d'or (armes de la ville de Senlis). Sur son épitaphe, placée jadis contre l'un des murs de la cathédrale de Senlis, on trouvait, outre l'écusson que nous venons de citer, le premier quartier seul, chargé en abime des armes de Senlis. On trouve dans Sainte-Marthe et dans le manuscrit de Du Ruel, l'écusson suivant : d'argent au chevron d'azur, deux roses en chef, et un arbre de sinople en pointe [3].

Parvenu au terme de ce long travail, qu'il me soit permis de jeter sur cette vie, dont j'ai rassemblé les éléments dispersés çà et là, un dernier regard, et de me résumer en formulant sur elle un dernier jugement.

Guillaume Rose ne fut pas un homme vulgaire. La réputation qu'il a laissée, le rôle prépondérant qu'il a joué, les sym-

---

[1] Afforty. Note sur Du Ruel, p. 1542.
[2] Gall. Christ.
[3] *Notes pour servir à un Armorial des évêques de Senlis*, par M. Arthur de Marsy, p. 17.

pathies enthousiastes qu'il a suscitées, les inimitiés furieuses qu'il s'est créées, les haines amoncelées sur sa mémoire, sont l'incontestable preuve de sa supériorité.

Je redirai donc avec le chanoine Rouyer : Rose a été calomnié; calomnié par les protestants, calomnié par les écrivains catholiques, royalistes quand même, qui se sont légué les uns aux autres leurs préventions contre l'évêque de Senlis. Mais les odieuses imputations des uns ou des autres, ou ne sont pas prouvées, ou sont manifestement fausses.

Rose n'a pas été brutalement ingrat envers Henri III, son bienfaiteur. La conduite et les lâches connivences de ce triste prince ont seules forcé un évêque catholique à préférer, comme tant d'autres, les convictions et les intérêts de la Religion en péril à des considérations d'un ordre inférieur. Rose n'a pas présidé au siége de sa ville épiscopale, ni béni les canons prêts à la foudroyer. Rose n'était pas honteusement vendu à l'Espagne ; son patriotisme, inspiré par la foi, repoussait au contraire la domination étrangère, comme il écartait du trône de Clovis et de saint Louis, un prince né et élevé dans l'hérésie, et qui, en le plaçant sur les lis, eût introduit dans l'État un germe mortel de division. Au risque de nous répéter, ne cessons de le redire : ici Rose pensait et agissait avec la nation presque tout entière.

Il a été ligueur, *ligueur enragé* si l'on veut. Mais la France en masse avait embrassé la cause de l'Union, et marchait sous sa bannière : « Or, dit Châteaubriand, les nations sont aptes à maintenir le culte qu'elles ont choisi et les institutions qui leur conviennent. » (Annal. de l'Hist. de France. — Henri IV.)

Lezeau, énumérant les éléments qui formaient l'Union, après avoir indiqué les amis de la Maison de Lorraine et les adversaires du mauvais gouvernement du roi, ajoute ces remarquables paroles : « *Et les autres, pour ce qu'ils se portaient purement et*
« *simplement à la conservation de la Religion catholique et à la*
« *destruction des hérétiques. De ce dernier ordre, on peut dire :*
« *Fuisse gentes multitudine innumerabiles, locis infinitas. Y*
« *en avoir un nombre infini qui s'étendait par toutes les villes*
« *et provinces, jusques aux extrémités du royaume, et c'étaient*
« *ceux-là qui donnaient le poids au parti, et sans lesquels il n'eût*

« *pas été au pouvoir des princes de faire aucune entre-*
« *prise*[1]. »

C'est-à-dire, que la majorité des Français était ligueuse, parce que cette majorité était catholique.

Un seul des reproches adressés à Guillaume Rose subsiste : c'est la violence, et ce qu'on appelle le fanatisme de ses prédications. Malheureusement, nous ne les connaissons que par ouï-dire. A peine nous reste-t-il quelques mots recueillis par le malveillant et presque calviniste De Thou, et par le railleur Lestoile « *qui, s'il n'a pas falsifié, a certainement, par antipathie naturelle, amoindri et rapetissé les proportions de cette éloquence si puissante au milieu de ses fureurs*[2]. C'est par eux que nous connaissons les attaques dirigées du haut de la chaire par Guillaume, contre Henri III et Henri IV, la justification du crime affreux de Jacques Clément. Certes, loin de nous la pensée d'excuser, encore moins d'absoudre ces tristes excès et ces lamentables emportements: nous les regrettons autant que personne, et la Religion les condamne. L'équité nous oblige, toutefois, à nous souvenir que Rose eut ici pour complices ses contemporains, soit ses collègues dans la chaire, soit ses auditeurs, tous surexcités par l'effervescence des passions politiques. Or, quand un homme est placé au sein d'une atmosphère embrasée, orageuse, saturée d'électricité et de feu, n'est-il pas fatalement exposé à ressentir et à subir les fâcheuses influences qui forment le milieu où il est jeté?

Je termine cette longue étude. On pourra lui reprocher de ressembler beaucoup à une apologie, et d'être une réhabilitation de Rose. J'accepte ce reproche, il est mérité, et je ne me défendrai pas d'avoir essayé ce que M. Ch. Labitte a appelé *une tentative désespérée*. Je serais fier, je l'avoue, d'avoir contribué, pour ma faible part, à faire rendre enfin un peu de justice à un homme d'une valeur incontestable, à un Français,

---

[1] Lezeau. Archiv. cur. de l'Hist. de France. 1re série, t. XIV, p. 54.
[2] Lenient : *La Satire en France*, p. 374.

serviteur ardent et victime d'une grande et sainte cause, à un évêque trop longtemps outragé par l'iniquité séculaire des partis, et chargé d'accusations dont il est temps de débarrasser sa mémoire. Que Guillaume Rose ait, lui aussi, son tour dans ces révisions calmes et impartiales qui seront le mérite et l'honneur des études historiques dans notre siècle [1].

---

[1] Jaloux de réunir dans ce travail tous les documents relatifs à Rose, j'ai compulsé aux archives de l'Oise, le cartulaire de l'évêché de Senlis, rédigé au siècle dernier par ordre de Mgr de Roquelaure. Mais je n'y ai guères trouvé que des actes relatifs à l'administration temporelle de l'évêché, et à ses propriétés de Chamant, Balagny, Bouillan, etc. — Ce sont des *baux*, des *contrats de ventes* ou *d'achats*, des *saisines*, des *droits de dîmes*, des *déclarations censuelles*, des *actes de foi et hommage* du baron de Survillers, du Plessier, de Barberie, etc.

APPENDICE[1]

Essai biographique sur Guillaume Rose, évêque de Senlis, par M. l'abbé Laffineur. (Page 87 des Mémoires.)

Chaumont, le 15 avril 1868.

Monsieur,

J'ai été très sensible à la bonté que vous avez eue de me donner des renseignements sur le portrait de Guillaume Rose. Je regrette que vous ne soyez pas plus riche que nous sur ce point. Nous allons être condamnés, selon toute apparence, à ne plus rien avoir de l'effigie de ce remarquable Chaumontais.

Vous m'avez fait le plus grand plaisir en me disant que vous aviez pris sa défense contre les calomnies dont il a été l'objet. Il y avait là une réhabilitation à faire parmi des milliers d'autres, et il est bien temps qu'elle s'accomplisse.

Je crois difficilement que nous puissions mettre la main sur l'acte de baptême de Guillaume Rose, bien que, dans nos archives de la ville et du département, nous ayons un grand nombre de pièces émanées de lui ou le concernant.

Guillaume Rose a été l'un de mes prédécesseurs. Il était curé de Chaumont et doyen du chapitre collégial de l'église dont je suis curé, lorsqu'il fut promu à l'évêché de Senlis, vers l'an 1580 et quelques années.

Il fit présent à son église d'un beau missel gothique imprimé par Jean Petit en 1517. Nous l'avons conservé, et, à la fin du canon, on lit ces mots : *Don de messire Guillaume Rose, doyen de céans, pour l'église collégiale de monsieur St Jean-Baptiste.*

---

[1] L'auteur, désireux d'obtenir les plus complets renseignements sur son sujet, ayant écrit au pays natal du célèbre évêque de Senlis, a reçu de M. le curé de Chaumont-en-Bassigny la lettre suivante, qui sera lue, croyons-nous, avec le plus vif intérêt.
  (*Note de la Commission du Bulletin.*)

Devenu évêque de Senlis, il enrichit l'église qu'il venait de quitter de magnifiques tapis, dont malheureusement nous ne possédons plus rien.

La famille Rose, au commencement du XVIIe siècle, contribua par de larges dons à la construction d'une magnifique chapelle pour le collége que les R. P. Jésuites fondaient à cette époque dans notre ville. Cet édifice superbe est toujours debout; il sert de chapelle aux élèves de notre lycée. *Sic vos non vobis nidificatis*, patres! Les armes de la famille Rose, nouvellement rafraîchies, se voient dans cette chapelle.

Le dernier représentant de cette noble famille est mort dans son château de Dammartin, en ce diocèse, il y a dix-huit ans. J'ai eu l'honneur de le voir souvent. C'était un excellent homme, franchement et rudement chrétien. Malheureusement, dans le marquis de Rose, mort sans postérité, s'est éteinte la famille tout entière.

La maison natale de Guillaume est parfaitement connue dans notre ville. Elle est une des plus belles qu'il y ait ici. Elle est juste en face du lycée.

Guillaume Rose, ardent ligueur, avait rendu ses compatriotes aussi ligueurs que lui. Nous avons dans nos archives des pièces curieuses sur cette particularité de sa vie.

Il me semble que votre travail pourrait s'enrichir à cette source, et si vous vous déterminiez à venir dans notre ville, je serais heureux de mettre mon presbytère et ma personne à votre disposition.

Vous rencontreriez sans nul doute des sympathies dans nos autorités.

Les travaux du carême m'ont empêché jusqu'à présent de vous donner les renseignements que vous désiriez.

Je suis avec respect,
Monsieur,
Votre très humble et dévoué confrère,
Vitu,
Curé doyen de Chaumont,
Chanoine honoraire de Langres.

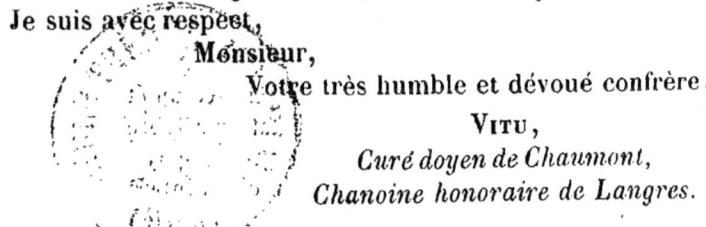

www.ingramcontent.com/pod-product-compliance
Lightning Source LLC
LaVergne TN
LVHW021702080426
835510LV00011B/1530